TOUS TES MOTS DANS MA TÊTE

W0199153

DU MÊME AUTEUR
chez le même éditeur

Le Voleur de brosses à dents, 2015,
prix Handi-Livres 2016

Églantine Éméyé

TOUS TES MOTS DANS MA TÊTE

Robert
Laffont

© Éditions Robert Laffont, Paris, 2020
Illustration intérieure © Christophe Binse
ISBN 978-2-221-22165-5
Dépôt légal : octobre 2020
Éditions Robert Laffont – 92, avenue de France 75013 Paris

À Marco, un grand frère Hors-Normes

Le lit est étroit. Avec un toit, comme un baldaquin, des barres latérales et une curieuse porte pour y entrer. Positionné très bas, le matelas touche presque le sol. Mohammed pose son sac. Regarde autour de lui. La pièce est petite. Moins de dix mètres carrés, estime-t-il. Mais ces dix mètres carrés seront les siens. Il ferme les yeux. « Voilà. Mon nouveau chez-moi. » Provisoire. Un pas supplémentaire vers sa nouvelle vie. Combien de « chambres », de lits, a-t-il occupés depuis son départ de Bagdad ? Il a arrêté de faire le compte.

Il inspire profondément. La petite pièce sent le frais, une odeur de ménage récent. Et quelque chose en plus. C'est à peine perceptible, pourtant Mohammed le sent clairement. Comme une petite chaleur humaine. Celle de l'enfant qui occupe habituellement la pièce, sans doute. Cette subtile odeur rend la chambre plus accueillante, moins impersonnelle.

Il rouvre les yeux. À gauche du lit, une armoire. Les étagères les plus basses sont pleines : des vêtements colorés, des jouets, soigneusement empilés. Les autres sont vides. Elles sont pour lui. Il n'a pas encore envie de les remplir. Ni grand-chose à y mettre, de toute façon.

À droite, une petite commode en bois clair, où est posée une lampe de chevet. Son abat-jour bleu décoré d'un poisson multicolore achève le décor enfantin du lieu.

Mohammed s'accroupit pour s'asseoir sur le bord du lit. Il déplie ses jambes sur le sol, pose ses mains sur le matelas, le teste machinalement. Vieux réflexe, devenu inutile. Cela fait bien longtemps qu'il se contente de ce qu'on lui offre.

« C'est confortable. Détends-toi. Tout va bien. Tu seras bien », tente-t-il de se convaincre.

Salut ! C'est chouette ici, non ?

Mohammed se tourne vers la porte. Personne. Pourtant, il a bien entendu quelqu'un. Mais non. Il est seul. Marie, la jeune fille qui l'a accompagné tout à l'heure, est dans le salon, à côté, avec les autres.

Il est fatigué. Déjà. Ou plutôt encore. Toujours fatigué. Physiquement, psychologiquement. On l'a laissé prendre possession de sa nouvelle chambre, il a du temps. Alors, parce qu'il n'a rien d'autre à faire, Mohammed s'allonge sur le lit, referme les yeux. L'odeur, celle qu'il a perçue tout à l'heure, se fait soudainement plus forte.

Tu peux dormir, si tu veux, tu sais ?

Il rouvre les yeux. Cette fois, aucun doute, quelqu'un lui a parlé. Et pourtant il n'y a toujours personne. Il est bien seul dans la petite chambre. Bizarre. Il a entendu une voix, il en est certain. Jeune. Presque enfantine. Entendu et compris. Alors que personne ici ne parle sa langue. Il hoche la tête. « J'entends des voix maintenant… Je dois vraiment être particulièrement fatigué. »

Mais si tu veux pas, t'es pas obligé non plus !

Perplexe, il se redresse. Et du regard refait le tour de la chambre.

Je suis là, mais pas vraiment là aussi. Moi c'est Samy ! C'est ma chambre ici. Enfin d'habitude. Mais tu es le bienvenu !

C'est bien à lui que ces mots venus de nulle part s'adressent. Il se frotte les yeux, les sens en alerte, légèrement inquiet.

La voix reprend, dans le silence.

Tu dois être sacrément étonné de m'entendre ! C'est normal, je suis censé ne pas savoir faire grand-chose... Mais j'ai plus d'un tour dans mon sac. Puisque tu ne dors pas, tu m'écoutes alors, d'accord ?

Mohammed est trop épuisé pour chercher à comprendre. Il se rallonge, referme les yeux, intrigué de la sensation d'apaisement qui s'empare de lui alors qu'il devrait se poser mille questions.

☆

Maman a dû te le dire, je suis handicapé. Lourdement, comme on dit. Je ne vois pas en quoi je suis lourd, je suis même plutôt du genre maigrichon, poids plume. Ce qui ne veut pas dire pas beau, hein ! Moi, je m'aime bien.

Quand maman m'a expliqué que tu allais venir t'installer dans ma chambre, je n'étais pas super chaud. Pourquoi prendre quelqu'un que personne ne connaît et l'installer chez nous, ou plutôt chez moi, puisque c'est dans ma chambre que tu vas vivre ?

On ne m'a pas demandé mon avis, mais c'est vrai que ma chambre, je n'y suis pas souvent. À cause de mon handicap. Ça, c'est le vrai truc, celui qui explique tout ! Tu verras...

Donc j'ai réfléchi et je voulais te dire OK, c'est d'accord, je te prête mon lit, ma chambre, et ma famille.

Bienvenue chez moi ! Installe-toi, garde-moi un peu de place pour mes affaires, quand je viendrai, et sois bien.
Elle est minuscule, ma chambre, hein ? Maman n'est pas très douée pour les mesures. Quand avec Richard ils ont fait les travaux, elle a mesuré la taille de mon lit, de mes meubles, et ensuite a imaginé l'espace. Calculé la position des futures cloisons. Et Richard lui a fait confiance. Pourtant, on sait tous que maman n'est pas fortiche avec les distances et l'espace. (Je dois tenir ça d'elle.) Ben c'était pas malin : elle s'est trompée et on n'a jamais pu installer mon lit dans le bon sens, la pièce est trop petite. Résultat, le lit est de travers, il prend une place folle et la chambre a l'air minuscule.
Ce lit, il est pourtant hors de question de le changer. Parce que c'est le top ! Je l'adore ! Toi aussi tu le trouves super, non ? Tu verras. Et puis, sans lui, je ne pourrais pas te parler. Ce lit, c'est un peu comme si c'était moi. Il abrite mes pensées, mes mots qui ne sortent jamais, mes secrets. Et c'est grâce à lui que je peux écouter les tiens. Le partager avec toi, c'est partager nos pensées. Ça, ça m'a bien plu comme idée. Alors comme je savais que tu arrivais aujourd'hui, j'ai prévu mon coup. Je t'ai laissé ce message-lit ! C'est chouette, non ? Tu pourras aussi l'utiliser pour me répondre ou me parler quand tu veux.

Bon, maintenant, il faut que tu saches deux trois trucs sur ma famille.
Je les aime beaucoup. Et j'arrive à en faire à peu près ce que je veux. Ils sont très gentils, tous, ils font ce qu'ils peuvent, je t'assure. Ça, tu as dû t'en rendre compte. Ils t'accueillent, quand même ! Pour le reste... ils sont comme tout le monde, ils n'ont rien compris. Rien à rien. Ils n'arrêtent pas de s'agiter, ça patauge, ça patauge, et ça laisse passer des tas de belles choses. Pourtant, c'est pas faute de leur montrer comment faire, je t'assure !
À toi je veux bien tout dire. Puisque tu as l'air de comprendre la seule langue que j'utilise, le « handicapé » ...
La seule chose qui me manque, c'est un ami à qui tout dire. Toi aussi tu as besoin d'un ami, je suis sûr. J'ai compris que tu devais être sacrément seul, de ton côté. Moi je me suis dit, si tu es d'accord, je serai ton ami, et toi le mien. Tu veux bien, dis ?
Donc mon prénom c'est Samy, ils ont dû te le dire. Moi, je sais que tu t'appelles Mohammed.
Au fait, nos messages, c'est hyper top secret, OK ? Juste entre toi et moi. Personne ne doit savoir que je te parle. Ce que je pense. Si tu le racontes, tu fiches tout en l'air. Moi, ma vie, elle me plaît bien, tu comprends : pas de devoirs à rendre, pas de futur à planifier, juste faire comprendre mes envies, que tout le monde s'empresse de satisfaire de peur que

je ne sois pas bien. En fait, je suis gâté. Ravi. De là à penser que j'ai tout fait exprès... enfin presque, faut pas exagérer. Alors chut... silence. Cela dit, je voudrais bien voir la réaction de ma famille si tu racontais que tu me parles grâce à mon lit... Personne ne te croirait !

☆

À l'instant où il saisit cette dernière phrase, l'odeur se dissipe. Mohammed a reçu le message d'une traite. Il ouvre les yeux, se redresse sur un coude, regarde autour de lui. Non, il n'y a toujours personne. S'est-il endormi ? A-t-il rêvé ? Son cerveau est-il en train de lui jouer un tour ? Ces derniers mois, il a déjà affronté tant d'événements inattendus, connu tant de souffrances que tout lui paraît envisageable. Même d'avoir le cerveau qui part en vrille. Mais quand même. Ça avait l'air si… réel. Il ne peut pas avoir inventé tout ça. Et puis cette voix, si amicale, lui a fait du bien. Samy. C'est donc le nom de cet enfant qui lui parle. Un bien curieux enfant. Enfance, légèreté, humour, c'est presque neuf pour lui, tellement c'est vieux. Quand a-t-il parlé avec un enfant la dernière fois ? Il n'arrive plus à s'en souvenir, mais il aimait la spontanéité des plus petits. Il riait avec eux. Il savait même inventer des histoires. Il avait encore de l'imagination alors. Il savait rêver et faire rêver. Il aimerait savoir encore.

Pourquoi ne pas essayer ? Il se sent tellement seul. Mohammed s'assied en tailleur sur le lit et décide de répondre à Samy.

☆

Cher petit Samy,
Quelle surprise de t'entendre ! Quel plaisir, aussi. Tu as très bien fait de venir me parler. Je suis heureux d'avoir un nouvel ami. Et je suis moins gêné de te prendre ta chambre, puisque tu me la prêtes officiellement. Merci. Sincèrement.
Tu n'imagines pas à quel point tu m'aides. Tes parents, ta famille sont vraiment adorables, mais ça va être très difficile pour moi de communiquer avec eux. Je viens de loin. De très loin. Et je me sens bien seul en effet. Je te raconterai, si tu veux.
Je te réponds assis sur ton lit. Ce lit si étrange, que tu sembles tant aimer. J'avoue avoir été surpris la première fois que j'ai visité ta chambre, avant de m'y installer. Ce n'est pas la taille de la pièce qui m'a étonné, je suis habitué aux petites surfaces, mais ce lit si imposant… Ta maman a essayé de m'expliquer ; tu t'en doutes, elle n'y est pas arrivée. Je n'ai rien compris. Je croyais qu'il y avait deux enfants à la maison, Marie et Marco. Et il y a cette chambre

en plus. Une autre chambre d'enfant. Pourquoi est-elle libre ? Pourquoi n'es-tu pas là, puisque c'est de toi qu'il s'agit ? Où es-tu ? Quand viens-tu ?
Tu m'apprends que tu es handicapé. Non, je ne le savais pas. Est-ce cela qui explique ton absence ? J'ai eu peur que tu sois parti… décédé… et que ta famille cherche à remplir le vide. Cela aurait été trop difficile à supporter pour moi en ce moment. Mais tu as l'air joyeux, et ta famille n'est pas triste non plus. Je suis rassuré.
Ton lit est vraiment singulier en effet : il a fallu que je me baisse pour y entrer, à cause de son toit, pour passer cette petite porte qui se ferme avec un verrou. J'avoue trouver ça très curieux, un peu angoissant même. Mais ta maman a eu l'air tellement gêné, de ces gênes qui font sourire au lieu de vous mettre mal à l'aise, que je me suis dit qu'il y avait sûrement une raison simple et logique à tout cela. Une raison que je ne pouvais pas comprendre. Je ne cherche plus à tout comprendre, depuis quelque temps.
Je suis vraiment heureux que tu aies eu envie de m'accueillir. Heureux de faire ta connaissance. Et de pouvoir échanger avec toi alors que je ne comprends pas le français.
Je ne parle qu'arabe, mais l'arabe de mon pays, l'Irak. Tes parents ont des voisins marocains, des

amis qu'ils m'ont promis de me présenter, mais nous ne pourrons pas bien communiquer, ce n'est pas du tout le même arabe. C'est mieux que le français, mais je ne pourrais comprendre que quelques mots, ce ne sera pas évident non plus.
Alors j'accepte ton amitié avec beaucoup de plaisir.
Merci.

☆

Mohammed relève la tête, pensif. De son visage qu'aucun poil de barbe ni cheveux ne vient couvrir se dégage une impression de rondeur un peu molle, accentuée par des lèvres épaisses et un regard triste, perdu. Ses sourcils bruns, très fournis, affichent plus de caractère.

Il sait la chance qu'il a d'être accueilli par une famille. De se voir offrir le gîte, le couvert. Mais il reste dépendant. Doit se montrer reconnaissant. Remercier. La générosité de ses hôtes a ses limites. C'est à lui de s'adapter. Toujours. C'est un effort constant, difficile.

Très peu de temps après son arrivée, Mohammed a été pris en charge par une association, dans laquelle d'anciens réfugiés restent actifs. L'un d'eux, un jeune homme d'une vingtaine d'années, vient d'Irak, comme lui. Et parle déjà couramment français. Il va servir de traducteur lors de cette entrevue à laquelle il a été convoqué. Il n'a pas pu rester là où il était hébergé précédemment, on lui a dit qu'une famille offre une chambre libre, qu'elle vient le rencontrer.

Il est arrivé en avance, anxieux. Sa première expérience s'est mal terminée, il sait qu'il doit faire bonne impression d'emblée.

Il est dix-sept heures et il attend depuis déjà un bon moment dans un petit salon dédié à ces entretiens quand son jeune compatriote ouvre la porte.

— Voilà, Mohammed… Je te présente Églantine.

— Bonjour Mohammed, répond la femme, en lui tendant la main.

Il y a un instant suspendu, très bref. Quelques courtes secondes embarrassantes et silencieuses, avant que Mohammed se reprenne et tende la main à son tour.

Il ne s'est pas préparé à ça. Il s'attendait à voir un homme, éventuellement un couple, certainement pas une femme seule. Et grande. Bien plus que lui.

Elle sourit, droite dans son jean qui lui moule les cuisses.

La gêne de Mohammed s'accentue. Où poser ses yeux ? Regarder vers le bas, c'est les poser sur ses jambes. Lever le regard, c'est risquer de croiser le sien, à elle. Franc et direct. Impossible.

Il décide de regarder le jeune homme. Ou le sol. Oui, c'est mieux comme ça.

La femme explique qu'elle a une chambre. Qu'ils vivent à quatre dans l'appartement. Qu'il est le bienvenu.

Au bout de quelques minutes, ils conviennent qu'il viendra visiter l'appartement le samedi suivant, et qu'il fera ainsi connaissance avec le reste de la famille.

Mohammed hoche la tête. Il n'a toujours pas relevé les yeux.

L'interprète raccompagne Églantine à l'entrée de l'immeuble.

Hésitante, elle se retourne :

— Il est extrêmement timide, non ? Il n'a quasiment pas ouvert la bouche. Et il ne parle visiblement pas un mot de français…

— Vous savez, madame, cela aurait été plus simple si votre mari avait pu vous accompagner.

— Je vous l'ai dit, il n'a pas pu se libérer à temps.

— Oui, mais dans notre pays, nous n'avons pas l'habitude de nous adresser ainsi aux femmes que nous ne connaissons pas. Moi je suis là depuis un moment déjà, mais Mohammed est arrivé en France il y a quelques semaines à peine. Et… vous n'êtes pas habillée… enfin, vous comprenez.

— Pas vraiment, non. Allez-y, ne tournez pas autour du pot. Il faudra bien que je comprenne si nous vivons ensemble.

— Eh bien, disons que vous portez un jean… euh, moulant. Excusez-moi, mais pour nous, pour lui, ce n'est pas une tenue habituelle pour une femme. Cela l'a mis dans une situation délicate. C'est pour ça qu'il ne pouvait pas vous regarder vraiment.

— Ah, je comprends mieux ! Je le trouvais bizarre, à répondre sans jamais me regarder dans les yeux. Je suis désolée.

— Laissez-lui du temps… Vous verrez, il apprendra vite.

— Et pour son français ? Comment allons-nous faire ? Il prend des cours, vous m'avez dit ?

— Oui, mais ne vous faites pas d'illusions, ce sera long. Le français, c'est très éloigné de l'irakien. Il faut tout réapprendre. En partant de l'alphabet. Et puis, souvent, les réfugiés font un blocage psychologique. Ils savent qu'ils ne retourneront probablement jamais dans leur pays d'origine. Inconsciemment, apprendre le français, c'est s'autoriser à oublier leur propre langue. Un renoncement qui n'est pas évident.

Comme convenu, Mohammed est venu le samedi suivant. Seul, sans mots pour se faire comprendre. Il n'a pas compris non plus un seul mot de ce qu'ils lui ont expliqué, en lui faisant visiter l'appartement. Néanmoins, il a trouvé la petite famille sympathique. La chambre, minuscule mais isolée, lui convient.

Quelques jours plus tard, il revient s'installer. Cette fois, accompagné du jeune traducteur. Quand il sonne à l'interphone de la copropriété, toute la famille sort dans la cour pour l'accueillir.

— Les enfants, venez, Mohammed est là !

Mohammed franchit timidement le portail, les épaules rentrées, trois ou quatre gros sacs plastique dans chaque main. Le jeune homme à ses côtés porte un sac à dos et un sac poubelle, et a le pas plus assuré.

— C'est bizarre… il n'a pas de valise ? demande Marie.

— Il faut croire que non. Dans ces sacs, ce sont sans doute ses seules affaires.

Une vingtaine de mètres les séparent encore. Toute la famille observe Mohammed, qui semble ployer à chaque pas un peu plus sous le poids de ses affaires et de la timidité.

— Allez lui proposer votre aide les enfants, s'il vous plaît.

Marco et Marie ne se font pas prier. S'avançant à la rencontre des deux hommes, ils les délestent des sacs plastique.

Arrivé à la porte de l'appartement en rez-de-chaussée, Mohammed esquisse un sourire.

— Bondzour, fait-il dans un français hésitant.

— Bonjour ! reprend son camarade.

— Bonjour ! Bienvenue, Mohammed. Venez, entrez ! les invite Églantine.

— Je vous remercie, dit l'interprète, mais je ne reste pas. Je dois repartir. J'ai juste aidé Mohammed à transporter ses affaires.

Il dépose le sac à dos à l'entrée de l'appartement. Mohammed lui jette un regard anxieux. Ils se disent au revoir, et le jeune homme repart.

La porte se referme sur Mohammed, son sac poubelle et ses plastiques desquels s'échappent quelques bouts de tissu, laissant deviner son maigre trousseau. Et des dossiers, des papiers en vrac. Des tas de papiers.

— Ce sont bien ses affaires, alors... Mohammed, viens, je te montre où les ranger, propose Marie, en lui faisant signe de la suivre.

Églantine les regarde se diriger vers la petite chambre, l'estomac noué.

— Une vie entière qui tient dans un sac à dos, trois sacs plastique et un sac-poubelle…

— On va l'aider, maman, répond Marco en lui attrapant la main et en l'entraînant à l'intérieur.

C'est ainsi que la vie de Mohammed vient de prendre un énième tournant. Désormais, jusqu'au prochain départ, il va vivre là, au milieu des autres mais seul, malgré tout. Malgré l'accueil chaleureux que lui a réservé la famille.

Curieusement, aussi mystérieux soit-il, l'échange qu'il vient d'avoir avec le petit garçon de la chambre allège le poids qui l'oppresse en permanence. Alors ce petit bonhomme qui vient lui offrir son amitié si spontanément est le bienvenu. Qui qu'il soit.

☆

Salut Mohammed !

Ah oui, j'imagine que tu as dû trouver mon lit un peu spécial ! Moi je l'adore. J'aurais bien aimé l'avoir avec moi, mais je dois quand même obéir à des règles là où je vis, et ces règles n'acceptent que les lits d'hôpitaux. Pas drôle.

Ce lit, maman l'a conçu tout exprès pour moi. Je suis très fier d'elle. Sur ce coup-là, elle a eu une grande idée. Il me fait penser à un igloo, tu n'es pas d'accord ? Maman a pris un lit simple, normal, et elle a fait poser dessus comme un baldaquin. Avec des tas de barreaux sur chaque côté, qui montent jusqu'à ce ciel de lit qui le referme. Et les gros tubes de mousse entourant chaque barreau, tu sais à quoi ils servent ? C'est pour me permettre de me balancer autant que je veux, sans me faire mal, ni faire trop de bruit. C'est marrant, quand je me balance le dos contre ces boudins, hop, ça me fait rebondir, et je repars en avant. Très très chouette ! Alors je peux continuer des heures, ça finit par me bercer, et je suis prêt à m'endormir comme un bébé. En plus, si je me réveille la nuit, je n'ai plus qu'à recommencer. Balancement, bercement, gros dodo. Balancement, bercement, gros dodo. À l'infini toute la nuit. C'est doux, c'est amusant et c'est hyper relaxant.

Le seul truc que je n'aime pas trop, c'est l'accès à ce lit : au milieu des barreaux, maman a mis une porte pour entrer. Elle y a posé ce verrou… qui m'empêche de sortir quand je veux. Je sais, c'est pour que je ne la dérange pas en pleine nuit, mais quand même ! J'aimais bien, moi, sortir au milieu de la nuit, dans le noir, et me promener dans l'appartement. C'était calme, c'était joli avec la lune qui éclairait le salon, et je pouvais enfin aller où je voulais. Dans la journée, il y a toujours quelqu'un pour surveiller mes allées et venues. Vers la cuisine surtout. Ils savent que je finis toujours dans la cuisine. Ils ont raison : c'est là que se trouvent les biscuits. Et le frigo. Depuis que je sais l'ouvrir, c'est surveillance permanente ! Ils n'ont pas confiance en moi, et tu sais quoi ? Ils ont bien raison !

Hé, dis, tu me racontes ? C'est quoi l'Irak ?

Je t'embrasse,

Samy

☆

Pendant quelques jours, Mohammed hésite. Peut-il essayer de poser des questions sur ce petit Samy ? Certes, l'enfant lui a demandé de taire leurs échanges, mais il doit bien y avoir moyen d'en apprendre plus sur lui sans trahir sa promesse. Ses hésitations, toutefois, se heurtent rapidement à une réalité, toujours la même : son incapacité à s'exprimer. Avec les rares et pauvres mots qu'il maîtrise en français, il serait bien en peine de se lancer dans une discussion aussi complexe. Et puis, la façon directe qu'a le petit de s'adresser à lui lui plaît beaucoup. Il se sent dépositaire d'un secret, trop beau pour être livré. Il en tire même une certaine fierté. Visiblement c'est à lui, et à lui seul, que parle l'enfant… Non, il ne demandera rien à personne.

☆

Cher petit Samy,

Merci de tes explications pour ton lit. Je ne peux pas te promettre de suivre ta méthode d'endormissement, mais je prendrai soin de ce lit que tu affectionnes tant. Ça, c'est promis.

Tu veux que je te raconte mon pays... c'est douloureux, tu sais. L'Irak. Rien qu'en écrivant ce nom, je sens des picotements dans mes yeux et dans ma gorge. Mon pays, je ne le reverrai peut-être jamais. C'est chez moi – c'*était* chez moi. Maintenant, il doit faire partie du passé, il faut que cela en soit ainsi, que je l'accepte, pour que je m'adapte, que j'aille de l'avant. Mais comme je me sens perdu, dans ton pays à toi ! Tout est si différent. Le français est une langue complexe. Ta famille essaie de m'expliquer les choses avec les mains, des signes, des dessins. Chacun se donne un mal fou. Et moi, tout ce que je sais faire, c'est sourire, hocher la tête pour montrer que je comprends, alors que je ne comprends rien. Vraiment rien.

Tout est à réapprendre pour moi, tu sais. Votre langue, votre culture, votre nourriture, me déplacer dans la ville, demander de l'aide. Tout me semble compliqué, inconnu. J'ai l'impression d'être gauche, inutile, stupide. Et que tous, les gens qui marchent dans la rue, ceux que je croise dans le métro, ceux qui partagent ma file d'attente dans vos administrations, ta famille, ne voient que mon corps maladroit, qui ne sait pas quoi faire de lui, mes yeux inquiets qui n'osent rien, moi, enfin, là sans savoir vraiment où ni pourquoi.

C'est intimidant, cette sensation d'avoir tout faux, ce sentiment que rien de ce que je suis n'est juste ici. Comme si j'étais de travers. J'ai tout rasé : ma barbe, mes cheveux. D'abord parce que ma barbe semblait attirer les regards, mais je crois en fait que je voulais faire le neuf sur moi. Autant tout recommencer de zéro.

Je n'ai plus mes amis, mon frère, ma sœur, mes parents, mes collègues. Tout ce qui faisait ma vie n'est plus là. J'ai dû partir sans ce bagage que l'on se compose en grandissant, celui qui était rempli de mes habitudes, de mes repères et de mes savoirs. Je suis tout seul maintenant. Un nouveau-né dans ce pays. Mais sans parents pour le guider.

Je ne me sens pas à ma place, mais je dois essayer. Parce que vous m'en offrez la possibilité et que j'en ai besoin.

Tu vois, je n'arrive pas à te parler de mon pays. C'est pourtant le plus beau du monde. Il y a des montagnes magnifiques, les saveurs des brochettes farcies ou des *dolmas* sont incomparables. Il y a des odeurs que je ne retrouve pas ici, des épices, ça sent le chaud, les marchés, le thé, mille et un parfums, mille et une saveurs, tout le temps. Là-bas, chaque jour, je prenais le temps de m'installer à une terrasse et de discuter, de regarder passer les gens, les connaissances qui me saluaient, me rejoignaient parfois.

Ce pays, c'était aussi ma famille. Et c'était bien. Je me rends compte maintenant à quel point.

Finalement, merci. Je n'osais pas m'y replonger, tu m'y as obligé, et c'est doux.
Sur le moment.
Pas très longtemps.
Je t'embrasse,
Mohammed

☆

Ouh là là, Mohammed, ça n'a pas l'air d'aller fort, dis donc... Tu as raison, le français est horriblement difficile, je n'arrive pas à prononcer un seul mot ! Une vraie galère. J'en suis encore aux *nananana*, *bababa*, *mamama*, et parfois je m'entraîne à faire quelques *hiii*, *ahaha*... Ma tête est pleine de tas de choses qui voudraient sortir, mais vraiment, la prononciation c'est pas mon fort. Je suis d'accord avec toi, c'est super énervant quand on ne peut pas parler la même langue que les autres. Mais tant pis. Ces choses restent en moi, je les garde bien au chaud, et parfois je me les repasse, pour me distraire. J'aime bien.
Je reste assis sur mon lit, et je m'écoute. De temps en temps, une aide-soignante passe la tête dans l'embrasure de la porte, constate que je suis calme, et s'en va. « Tout va bien, il est tranquille, il se repose. » Mais non, pas du tout... je me parle ! C'est drôle comme à l'intérieur de moi je parle bien,

je sais articuler les mots, bouger la langue exactement comme il faut. Alors j'aime bien le faire. Je me raconte mes histoires, j'ai beaucoup d'imagination, tu sais, j'en ai des milliers, des histoires. Dedans, il y a le personnel de l'hôpital, maman, mes grands-parents, les éducatrices, la vache de mon livre d'images, mon doudou-poule, les poissons de ma chanson préférée, la mer, mon frère, et maintenant toi. Moi, je ne m'ennuie jamais. Jamais.

Alors, si des fois je babille à voix haute c'est pour faire plaisir à maman.

Ou alors pour le plaisir d'entendre le son de ma voix. Elle me plaît, en fait. Je m'amuse à la pousser, des petits cris, légers, puis plus forts, de plus en plus forts. J'enchaîne, pendant des heures parfois. Le plus rigolo, c'est la nuit : je m'entends encore mieux, silence autour, ma voix qui perce l'obscurité, c'est pur, c'est joli. J'ai la nette impression que ça plaît moins à ceux qui sont dans les pièces à côté, mais décidément ils ne comprennent rien, ils n'ont aucun goût.

Tu me dis que le pays d'où tu viens, l'Irak, c'est un pays lointain... Je n'avais jamais entendu ce nom avant toi. Maman aime bien voyager, elle me raconte, mais elle n'est jamais allée là-bas, ça j'en suis sûr, sinon elle m'en aurait parlé. À t'écouter, ça a l'air beau. Mais si, dès que tu y penses, tu as envie de pleurer, c'est quand même pas top. N'y pense pas, c'est plus simple. Tu verras, ici, dans mon pays, il y a plein de choses sympas, plein de trucs à faire, et plein de gens amusants. En fait, ici c'est le bordel, un joyeux bordel !

Tiens, par exemple, ce matin dans mon hôpital... Juste après mon bain, je retourne dans ma chambre, et qu'est-ce que je vois ? Une échelle, avec deux bonshommes perchés dessus, des fils électriques partout, mon lit sorti au beau milieu du couloir, les aides-soignants courant dans tous les sens. Et mon copain Théo cherchant à attirer l'attention au beau milieu de ce grabuge – c'est tout lui ça, il ne supporte pas qu'on ne le regarde plus, alors il fait des bêtises – en se mettant pile dans le passage avec sa grosse peluche Ratatouille et son air angélique. À son regard, je voyais bien, moi, qu'il cherchait quel fil électrique attraper, pour voir ce qui allait se passer. Histoire de prévenir les aides-soignants quand même, et pour manifester mon mécontentement, j'ai commencé à me cogner le dos contre le mur, j'y ai rajouté deux ou trois petits coups de poing au visage pour la forme, et hop, ils ont rappliqué direct ! Ça marche à tous les coups ce truc-là. Théo a été saisi par la main juste à temps, ramené vers la salle à manger, et moi, on est allé chercher ma poussette préférée, pour que je me pose dessus

en attendant la fin des travaux. Et voilà : à moi la balade dans le jardin ! C'est pas beau ça ?
J'adore aller me promener et c'est bête, mais nous qui ne pouvons pas descendre les escaliers tout seuls, on nous fait habiter à l'étage. Vraiment, des fois, les gens qui parlent et qui décident sont bizarres. Si j'avais un jardin et une chambre en rez-de-chaussée, j'embêterais personne et je pourrais aller me promener tout le temps tout seul, sans danger !
Puisque c'est pas possible, en général, j'utilise une technique infaillible pour garantir ma sortie : je m'installe confortablement dans le siège de la poussette, et je me balance, suffisamment fort pour que l'équipe soignante s'inquiète, un de mon état de stress, deux de la résistance de la poussette. Alors on désigne quelqu'un et on m'emmène dehors. J'ai gagné. On me pousse, et je me mets à chantonner de plaisir. Je manifeste mon contentement en battant des bras, comme si j'allais m'envoler. Tu devrais essayer quand tu es content, ça décuple le plaisir : tu agites tes mains très très très vite sur les côtés, tu aspires fort l'air en même temps, et ça te monte un peu à la tête, c'est vraiment amusant !
Un jour je te montrerai, si tu veux. Tu vois, y a plein de moyens pour chasser la tristesse. Mais en atten-

dant, raconte-moi : depuis que tu es arrivé, tu fais quoi toi, pour t'amuser ? Et tu fais quoi la journée ? Et la nuit ?

Je t'embrasse,

Samy

☆

Une infirmière entre dans la chambre. Samy, assis sur son lit, a le regard fixe, la bouche ouverte, comme souvent. L'air ailleurs.

— À quoi tu penses, Samy ?

— …

L'infirmière se rapproche. Elle se poste face à lui, les mains sur les hanches :

— Hé oh ! Samy, dis, tu m'entends ?

Que peut-il lui répondre ? Qu'il est en train d'envoyer un message-lit à son nouvel ami Mohammed ? Il ne sait pas prononcer les mots des autres même s'il comprend plutôt bien ce qui se dit autour de lui. Enfin… quand il le veut.

Mohammed, lui, sait parler, mais ne comprend pas ce qui se dit autour de lui, même s'il aimerait beaucoup. Entre eux, pourtant, tout est simple. Pas besoin de langue commune, pas même besoin d'être ensemble. Ils parviennent à communiquer. À se raconter. Et depuis qu'ils ont commencé, Samy n'a plus envie de s'arrêter.

Il se contente de repousser violemment son dos en arrière, qui vient se cogner contre le matelas fixé au mur à cet effet.

— Oh là ! Excuse-moi, je te dérange. Ça va aller Samy, j'ai compris, je m'en vais.

L'infirmière lui caresse la cuisse et s'en retourne tout doucement, afin de ne pas le perturber davantage. Elle s'est visiblement manifestée trop directement, sans laisser le temps à Samy de percevoir sa présence. Samy a beaucoup grandi dernièrement. S'il garde un visage enfantin, auréolé d'une épaisse chevelure bouclée qui lui tombe sur les yeux et les oreilles, si ses bras et ses jambes restent très minces, il a désormais la force d'un adolescent. Quand il s'énerve, il est plus difficile à maîtriser qu'avant. Et pourtant, ses gestes, ses mouvements restent ceux d'un petit enfant. Il n'y a qu'à le voir, le soir, le pouce dans la bouche, roulé en boule pour s'endormir. Un spectacle qui continue de l'attendrir.

Samy a repris sa pose initiale. Les yeux fixés vers quelque chose que personne ne voit sauf lui.

Où en était-il, déjà ? Il a beaucoup de mal à rester concentré, alors la moindre perturbation peut complètement lui brouiller l'esprit. Ah oui, il laissait un message à Mohammed. Celui-là, il va le secouer un peu. Que de souci il semble se faire ! Alors que les choses peuvent être si faciles.

La preuve : quand il a laissé ce premier message, il s'est dit qu'il n'y aurait pas de réponse, comme d'habitude. Samy s'amuse parfois à laisser des messages-lit dans sa chambre, très courts, comme ça, juste pour voir, mais personne n'y répond jamais. Ni sa mère, ni son frère, ni personne de tous ceux qui l'entourent et qui parfois utilisent son lit, pour dormir, pour téléphoner, pour lire… À croire qu'ils n'entendent rien. Ils parlent tellement bien tous qu'ils n'entendent plus que les mots. Ceux qui se disent avec la voix.

Mohammed, lui, l'a compris. Et Samy, avec sa simplicité habituelle, accueille les réponses de Mohammed comme une évidence. Pourquoi lui ? La question ne lui vient pas. Il est enchanté de ces échanges, c'est tout ce qui compte. Et pour une fois que quelqu'un a besoin de lui !

Et puis Samy n'a pas vraiment d'intimité : on lui change ses couches, on lui donne à manger quand l'heure qu'on a décidée est venue, on choisit ses sorties, on lui fait prendre son bain, on le lave, l'essuie, l'ausculte. Son corps n'a de secrets pour personne. Au moins, ses pensées sont-elles à lui, rien qu'à lui. Et un peu à Mohammed maintenant. Parce qu'il en a envie.

Ce matin, la maman de Samy est arrivée tôt. Elle a pris le premier avion pour Hyères, dans le Sud, où il habite. Ce qui l'a obligée à se lever à cinq heures trente du matin. Prendre un taxi pour Orly. Faire la queue, comme chaque fois. Passer les contrôles de sécurité, qu'elle pourrait désormais effectuer les yeux fermés. Un petit parcours du combattant grâce auquel, à neuf heures à peine, elle est déjà devant la porte de la chambre de Samy.

Qui dort.

— Mais c'est pas vrai… il le fait exprès ou quoi? s'indigne Églantine en plaisantant devant l'aide-soignante qui passe.

Ce n'est pas la première fois que Samy dort longuement quand sa mère vient le voir. Il a passé une mauvaise nuit, il y a eu trop de bruits dans le service ou une visite médicale à l'aube, Samy récupère.

Et Églantine attend des heures. C'est devenu une sorte de « blague » récurrente.

Mais cette fois, c'est différent.

— Je suis désolée, je n'ai pas eu le temps de vous prévenir. Tout à l'heure, Samy a fait une crise d'épilepsie. Pas trop forte, ne vous inquiétez pas. Mais il doit être épuisé maintenant.

Devant la mine soucieuse d'Églantine, elle ajoute :

— Ça va aller, je vous assure... Vous voulez un thé en attendant ?

— Bien volontiers, merci. Je passe l'embrasser d'abord.

L'épilepsie vient régulièrement perturber le cerveau de Samy. Des moments toujours stressants, mais bien gérés ici. C'est ce diagnostic, ajouté à un autisme sévère, qui a amené son fils à venir vivre ici. Aucune autre structure plus proche de Paris ne voulait accueillir ce double problème. Même si elles l'avaient voulu, les places sont tellement rares qu'ils auraient dû attendre des années.

Quelques instants plus tard, Églantine et l'aide-soignante se dirigent vers la petite cuisine, attenante à la salle à manger dédiée à ce service pour jeunes handicapés. Au moment où l'aide-soignante franchit la barre de seuil, Églantine, elle, s'arrête brusquement.

— Stop ! dit-elle en levant les mains. Je n'ai pas le droit d'aller plus loin, désolée.

Depuis quelques semaines, l'arrivée d'un « hygiéniste » à l'hôpital a changé les règles. Les parents n'ont plus le droit d'entrer dans la cuisine. Ce qui perturbe beaucoup l'ensemble des personnes qui vont et viennent dans le service.

— Attendez… (L'aide-soignante jette rapidement un œil à droite, à gauche de la porte. Personne dans le couloir.) Entrez… vite !

Églantine la rejoint et les deux femmes préparent un petit plateau. Une tasse, une théière, un biscuit. Qu'Églantine ira prendre dans la chambre de Samy, pour ne pas rater une minute d'un éventuel réveil de son fils.

Mais la matinée avance, et Samy dort toujours.

Églantine a prévu un entretien avec le médecin. Elle a remarqué que le pied gauche de Samy se tord de plus en plus. Elle s'étonne que personne ne lui en ait parlé. Elle ne vient que deux fois par mois, et c'est elle, toujours, qui remarque les problèmes. Dent abîmée, scoliose, peau irritée ou mauvaise vue, pour le milieu hospitalier, c'est presque trop banal, a-t-elle fini par penser. Tant que ce n'est pas vital, ça passe inaperçu. Et quand enfin on se décide à s'occuper du problème, il est presque trop tard. Le mal est fait. Dans le handicap, la prévention est rare. À elle, donc, de surveiller, tel le lait sur le feu, le corps de Samy, malgré la distance qui les sépare.

C'est l'heure. Elle ne veut pas manquer ce rendez-vous important. Elle sort, son plateau entre les mains. Arrivée à la cuisine, de nouveau elle s'arrête.

— Oh hé ? Y a quelqu'un ?

Silence. Elle ne peut pas rapporter le plateau dans la chambre, si Samy se réveille, il va vouloir y toucher. Ce qui garantit à la tasse un crash forcé sur le lino. Elle ne peut pas non plus entrer dans la cuisine sans autorisation.

Que faire ? Perplexe, elle dépose le plateau par terre, à l'entrée. La table est trop loin pour qu'elle puisse l'atteindre. En se penchant, elle s'aperçoit que d'autres plateaux jonchent le sol. Sympa pour les aides-soignantes ! C'était quand même plus simple quand elle pouvait entrer, faire sa vaisselle et tout ranger.

Une d'entre elles arrive justement.

— C'est quoi ce bordel ? s'exclame-t-elle en heurtant le premier plateau, qui déverse par terre un reste de petit déjeuner. C'est vraiment débile cette nouvelle règle !

— Tout à fait d'accord. Bon, on fait quoi ?

— Ben on regarde dehors, et s'il n'y a personne, vous entrez et vous faites comme avant ! répond l'aide-soignante, d'humeur badine. Mais vous ne dites rien, promis ?

Et voilà comment naquit une nuée de conspirationnistes de la cuisine… Samy n'était pas le seul à faire preuve de légèreté face à l'adversité.

Une heure plus tard, il se réveille doucement. Encore affaibli par la crise matinale, c'est en poussette que sa mère choisit d'aller le promener dans le parc.

— Mon amour, tu sais, il faut que je te raconte l'arrivée de Mohammed. Ça se passe bien. Ta chambre est devenue un refuge pour lui, je crois. Il y passe beaucoup de temps. Trop à mon avis. Marco et Marie sont très gentils avec lui.

— Hun, hun… fait Samy, en regardant ailleurs.

— Oui, mon amour. D'ailleurs Marco m'a dit de te faire un gros bisou.

Et *smack*, Églantine en profite pour plaquer un énorme baiser dans le cou de son fils.

Samy sourit, attentif. Il apprécie les baisers de sa mère. Mais veut aussi écouter tout ce qu'elle a à lui dire, malgré la fatigue qu'il ressent encore.

— Je finis de te raconter… Mohammed, le seul problème en fait, c'est qu'il ne dit rien. Et que de toute façon on ne se comprend pas. Il ne parle vraiment pas un mot de français. On ne peut rien savoir de ce qu'il pense, aime. C'est pas facile, tu sais… Enfin, ça me rappelle quelqu'un, pas toi ?

Samy ne répond pas. Évidemment. Cela ne l'intéresse visiblement déjà plus. Il se projette en arrière sur le dossier de la poussette, pour montrer à sa mère ce qu'il veut.

— OK, OK, on y va mon amour.

Églantine entraîne son fils un peu plus loin dans la promenade.

☆

Cher petit Samy,

Encore une fois, je suis très heureux de t'entendre. Je me sens moins seul. Et tu as l'air en forme. Je suis content de savoir que tu t'amuses beaucoup.

Que te dire de moi ? Tu me demandes de te raconter... je vais essayer, mais je ne suis pas sûr de savoir être très amusant. J'ai peur de te rendre triste, parce que je le suis. Alors voilà : chaque jour, je me réveille très tôt. Dès que j'ouvre les yeux, mon regard tombe sur le tissu bleu qui te sert de ciel de lit. Puis sur les tubes de mousse, bleus aussi, qui l'entourent. Finalement, je me suis habitué. Je crois même que j'apprécie. Je suis dans un cocon. Ton cocon. Comment dois-je en sortir ? C'est la première question qui me vient à l'esprit au réveil.

Me lèverai-je un beau matin, détendu, sûr de moi, comme tous ces gens que je croise dehors, qui ont l'air de savoir exactement où ils vont, ce qu'ils doivent faire, ce qu'ils doivent dire ? Saurai-je un jour moi aussi me fondre dans ce décor, donner l'illusion d'être à ma place dans ce pays ?

C'est encore bien trop tôt. Pour l'heure, je dois sortir, affronter la réalité. Je ne sais pas où me mettre, quoi faire de moi, une fois la porte de ta chambre franchie. Alors je retarde. Je n'ose pas, j'ai peur de ne pas être juste, je ne connais pas bien encore les codes de ta famille.

Mais ça y est, j'ai enfin mis mes affaires dans ton placard. Mes affaires, quel joli pluriel pour parler de trois chemises, d'une veste et d'un pantalon. Des caleçons, quelques paires de chaussettes, des tas de papiers en plus, et c'est tout. Dans un sac en plastique, j'ai laissé ma brosse à dents, mon rasoir et mon dentifrice. Voilà le maigre trésor que j'ai eu le temps d'emporter avec moi quand j'ai fui l'Irak. Ça s'est décidé très vite, je ne voulais plus rester, j'avais peur. J'avais peur de vivre dans mon propre pays. Comment peut-on en arriver là ? Une bombe a explosé, je n'étais pas loin, j'ai été blessé.

☆

Mohammed hésite. Les souvenirs qui remontent ne sont pas de ceux qu'on raconte à un enfant. Mais il sent qu'il a envie ou besoin de laisser filer sa pensée, de revivre ces moments. Il verra après.

☆

Sais-tu que chez moi, en Irak, des bombes explosent chaque jour ? Non, évidemment, tu ne le sais pas. Nous crevons à petit feu, et le monde laisse faire. Chaque geste, chaque sortie est dangereux. Rester chez soi est dangereux. Aller au travail est dangereux. Qui se laissera surprendre par une bombe, déposée là par ces extrémistes qui nous ravagent le cœur et le corps ? C'est une question lancinante qui ne nous lâche jamais. Les morts, ce sont d'abord les amis d'amis. Puis des amis plus proches. Un jour, c'est la famille. À qui le tour ? Nous sommes des proies innocentes qui, à tout moment, peuvent tomber sur les chasseurs. Mais la routine reste présente, il faut bien, sinon, on meurt sur place. On travaille, on aime, on vit. Enfin, on vit... en réalité, on fait semblant, je m'en rends compte aujourd'hui.
Et puis ça a fini par m'arriver à moi.
J'étais au café. Fin de matinée. Avec mon ami Milad. Lui et moi on se connaît depuis toujours. Il travaillait dans un garage, moi dans un journal. On avait

l'habitude, avant le déjeuner, de se retrouver là. Toujours au même endroit, à la même table. Notre petite pause à nous, nos habitudes, les mêmes conversations, faites de tout et de rien. Moi, ce que j'aimais, ce qui m'amusait alors, c'était regarder les passants, imaginer leur vie, leur travail. On en riait, Milad et moi. Il en fallait de l'imagination pour faire surgir de ces hommes et de ces femmes, marchant vite, la mine préoccupée, des histoires pleines de péripéties et de retournements. Mais je ne manquais jamais d'idées. Je me plaisais à inventer leurs dernières disputes de couple, les soucis de leurs enfants ou les dîners trop riches de la veille. On se moquait parfois, mais avec tendresse. Et puis il n'était pas rare que des têtes connues croisent nos sourires, et finissent par nous rejoindre. Est-ce qu'inventer la vie d'inconnus m'aidait à supporter ce quotidien de dangers ? Je n'aurais pas pu le dire alors, mais je crois que oui. Aujourd'hui, l'imagination m'a quitté. Je ne sais plus rêver les yeux ouverts.

Ce matin-là, je me rappelle, nous étions calmes, nous étions bien.

Milad me racontait sa matinée, il était content, on lui avait confié une moto en réparation. Il a toujours préféré les motos aux voitures. Pas moi. Les motos

me font peur. Je ne monte jamais dessus. Je l'écoutais, distraitement.
Une voiture s'est garée de l'autre côté de la rue. Un homme en est sorti, téléphone à l'oreille, il a fermé sa portière et s'est éloigné. Un peu plus loin, deux femmes, tenant leurs jeunes enfants par une main, leur cabas de l'autre, rentraient préparer le déjeuner. Sur notre trottoir, quelques jeunes ados discutaient un peu fort. Dans la maison voisine, on entendait un bébé pleurer. Dans une autre, une radio, qui rythmait sans doute le quotidien de quelqu'un. J'écoutais Milad d'une oreille, tout en laissant mon regard se promener autour de nous.
Et puis je me suis levé. J'ai voulu aller aux toilettes. Il fallait faire le tour du café, par l'extérieur. S'écarter des tables, se rapprocher de la rue, pour revenir vers l'arrière. En me levant, j'ai vu l'homme de la voiture qui marchait, d'abord d'un pas rapide, puis de plus en plus vite. Il courait presque. Alors que je me demandais encore pourquoi il était si pressé, d'un coup, un bruit assourdissant s'est fait entendre. Mon cœur a bondi, mes oreilles m'ont fait mal, j'ai voulu les boucher de mes mains, et puis... rien. Plus rien.
La suite m'a été racontée par Milad. Elle est si banale. La voiture de l'homme a explosé. Elle a tué sur le coup les deux jeunes femmes et leurs enfants.

Moi j'ai eu de la chance en fin de compte. Je n'étais que blessé. Les secours sont arrivés. On m'a transporté à l'hôpital. Je n'avais pas encore repris connaissance.

Je me suis réveillé là-bas. Avec, toujours, le bruit de l'explosion dans les oreilles.

☆

Mohammed s'interrompt à nouveau. Il est allé trop loin. Il doit pouvoir retirer ces dernières pensées, les faire sortir du lit. Rien n'est impossible puisqu'il parle à quelqu'un qui n'est pas là. Dans sa tête, il fait le tri. Décide de sauter le passage des morts, reste sur sa blessure à lui.

Il reprend…

☆

… Et une douleur vive, à la jambe. Une autre, plus forte, aux côtes. J'ai appris plus tard que j'avais des éclats de métal plein le corps. J'en ai encore aujourd'hui. On m'a soigné à la hâte, il y avait tant d'autres gens à sauver aussi.

Mes parents, ma sœur et mon frère étaient choqués, et malheureux. Partout autour de moi, je n'entendais que des cris, des pleurs. Alors j'en ai eu assez. Était-ce de la peur ? De la lassitude ? Du désespoir ? J'ai décidé de partir. De m'enfuir de ce pays qui tuait son propre peuple. Je ne voulais plus voir la poussière, sentir le sang, entendre le bruit, lire la résignation dans les yeux de mon père. Je suis parti avec mon frère, qui n'attendait que mon signal depuis trop longtemps, mais ne voulait pas s'en aller seul. Nous nous sommes fait mille promesses, revenir un jour chercher le reste de la famille, gagner suffisamment d'argent pour les aider, changer de vie, tous ensemble. Ça a été la décision la plus difficile de ma vie. Je m'en voulais terriblement d'abandonner les plus fragiles de la famille : mes parents, déjà âgés, et ma sœur. Mais je ne pouvais plus rester. Vraiment plus. Je me sentais l'énergie du voyage, même dangereux, celle de recommencer de zéro ailleurs, plus celle de lutter là où j'avais toujours vécu. Peut-on aimer encore un pays qui vous a vu naître, celui sur lequel vous avez ouvert vos yeux, et qui ne fait plus que vous décevoir ? Tout jeune, je le trouvais magnifique, ne remarquais qu'à peine la guerre qui y sévissait déjà. Plus tard, j'ai fait semblant. J'étais ado, je maîtrisais le mode d'emploi de mon pays, je ne craignais rien. Mais j'ai fini par grandir, et ce que je refusais de voir m'a sauté aux yeux. Je vivais dans un pays déchiré, un monde de violence, où la recherche du pouvoir et de la puissance a plus d'importance aux yeux de ceux qui nous dirigent que la vie du peuple. Oui je l'aime encore,

mon pays, mais il se fait trop mal. Et cela me fait mal aussi. Et je veux vivre. Sortir de chez moi sans avoir peur.
Alors je suis parti.
J'ai fait un long voyage pour arriver jusqu'ici.
Mais je te parle, je parle au fil de ma pensée, et je te raconte des choses tristes, à toi qui es si joyeux. Excuse-moi.
Je dois y aller, petit Samy, sortir de ta chambre. Il est déjà tard, ta famille doit se demander ce que je fais. Je réponds à tes autres questions bientôt, je te le promets, si tu veux bien toujours me parler.
Mohammed

☆

Il fouille dans ses papiers. Il y en a des liasses. Empilés, des tas et des tas de papiers. Des modes d'emploi, des contrats, des attestations, des explications, des formulaires à n'en plus finir, auxquels il ne comprend rien. Depuis qu'il est arrivé dans ce pays, on lui en a donné tant ! Il essaie de se rappeler, que lui a-t-on dit au sujet de celui-ci ? Et de celui-là ? Ah oui, c'est son attestation de réfugié. Ça, c'est la preuve qu'il suit bien ses cours de français. Des cours qui produisent d'ailleurs encore plus de papiers. Tous sont rassemblés en paquet, là, dans ce plastique. Il n'a pas encore eu le courage de les trier, les ranger. Mais les trier dans quoi ? Il savait que ce ne serait pas facile, il ne s'était pas douté à quel point. Et pourtant, il y avait encore en lui cette petite voix, ténue, mais tenace, qui lui disait que ce serait plus simple que ce qu'il redoutait, qu'il avait enduré bien pire, que les choses ne pourraient qu'aller mieux.

En Allemagne, quand il était arrivé avec son frère, bien sûr, ils n'étaient pas les premiers à venir chercher une vie meilleure. Ils étaient des centaines comme eux. Venus avec leurs espoirs, leur volonté, leurs désirs. Et qui s'étaient heurtés à la réalité : personne ne les attendait. Pire, personne ne savait quoi faire d'eux. Il ne suffit pas de présenter ses économies pour avoir un logement et de chercher un travail pour l'obtenir. Il faut respecter des règles, avoir des papiers qui vous y autorisent. L'essentiel en dépend. Et comment faire quand on n'a que sa seule bonne volonté à offrir en échange de l'essentiel ? Personne ne savait répondre à cette question. Pourtant, ils étaient là, toujours plus nombreux, avec leurs angoisses. Il avait cru que le plus dur était fait, partir, franchir les frontières. Non. Il fallait maintenant affronter l'humiliation de dépendre du bon vouloir des autres pour tout. Obtenir le droit de rester, de travailler, de se reconstruire une vie.

En attendant, tous se renvoyaient la balle. L'Europe ne voulait pas d'eux, mais n'osait pas les renvoyer. Il fallait se les partager alors. Que chacun fasse un geste. Être généreux, oui, mais à condition que les autres le soient aussi.

L'Allemagne d'Angela Merkel avait lancé le mouvement. La France avait dit d'accord. Et accepté de prendre sur son sol vingt-quatre mille réfugiés en deux ans. Leur président, François Hollande, était venu. Il avait dit « Mille d'entre vous peuvent rejoindre la France, dès maintenant. Qui veut venir ? ».

Mohammed avait hésité. Entre réfugiés, le bruit courait que la France n'avait pas les moyens de leur offrir du travail, ni un logement, et que les démarches administratives seraient compliquées, malgré les promesses. Et puis on disait que le français était une langue difficile pour un Irakien, bien plus que l'allemand. Il savait que son frère ne pourrait pas suivre. Leur long périple avait eu raison de lui. Il était malade. Trop malade pour aller plus loin.

Pourtant il avait levé la main. Cela avait été plus fort que lui. Il n'en pouvait plus d'attendre une solution, la France semblait en être une, et il préférait l'espoir à l'inaction. Ils n'étaient que six cents à l'avoir levée. Qui partiraient en deux temps. Quatre cent cinquante un peu plus tard, cent cinquante tout de suite. Il avait fait partie de ces premiers.

Maintenant, il était là, dans ce pays qui l'avait accueilli, mais l'avait aussi mis en attente. On lui avait promis un logement, un titre de séjour. Et il attendait. Depuis des mois. Les bruits qui courent sont parfois vrais.

Pour le moment, le résultat concret de cette attente, c'étaient ces feuilles, ces dizaines et dizaines de feuilles qui remplissaient son sac à dos, ses sacs plastique.

Toc toc toc.

Églantine passe la tête par la porte.

— Ça va, Mohammed ? Tu ne veux pas venir dans le salon avec nous ?

Éparpillées sur le sol, des liasses de papier entourent Mohammed, qui a l'air bien perplexe.

— Ouh là ! Mais qu'est-ce que c'est que tout ça ?

En guise de réponse, Mohammed sourit, l'air désemparé.

— Tu veux que je t'aide ? Je peux jeter un œil ? propose Églantine.

Elle trie, tente de remettre de l'ordre, rassemble une première liasse, des cours de français, et passe à la deuxième.

— Je crois que c'est pour ton titre de séjour. Et ça… Je peux ?

Mohammed acquiesce. Il la laisse faire. Elle lit. Sur sa carte d'identité, son nom, sa date de naissance. Sur un autre papier, elle trouve sa profession. Journaliste.

— Tu es journaliste ? C'est drôle ça ! Nous aussi. Journaliste dans quel domaine ?

L'association qui les a mis en relation ne lui a transmis que peu d'informations au sujet de Mohammed. Son âge, sa situation familiale, son statut de réfugié.

Mohammed attrape son téléphone et le lui tend. Il a ouvert Googletranslate. Face au micro, Églantine repose la question.

Le petit appareil lui traduit, dans sa langue : « Quel est ton métier ? »

— Journaliste juridique, répond-il.

Au moment où il prononce ces mots, Mohammed réalise que son métier, il ne pourra sans doute plus jamais le pratiquer. Des années d'études et de pratique jetées à la poubelle. Un immense gâchis, quand il pense à ce que ses parents ont enduré pour lui offrir de telles études. Elles devaient le mener loin, lui assurer une belle vie. Et où en est-il aujourd'hui ?

— Mais pendant tes études, tu n'as pas appris une autre langue ? L'anglais, par exemple ?

— Oui, traduit l'appareil. Je parle anglais. Un petit peu.

Aïe. Dommage. D'expérience, Églantine sait qu'« un petit peu » veut dire : « Je connais à peine quelques mots. » Et, en effet, Mohammed ne sait dire que « *yes* » ou « *welcome* ». Elle tente cependant :

— *Then, you speak English ? That would be easier.*

— Pas problèm, fait Mohammed.

☆

Salut Mohammed,

Ça a l'air vraiment dur tout ça. Et je n'ai pas tout bien compris, c'était difficile. Mais je suis content que tu aies essayé de m'expliquer quand même. Il y a des choses qu'on ne comprend pas tout de suite, mais après. Et c'est bien comme ça, moi je trouve. J'aime bien prendre mon temps. Tu sais, des fois, ça permet de ne pas voir les choses moches, celles qui accaparent toute l'attention au début et qui cachent des tas de choses belles.

Voilà, c'est ça que je voulais te dire : c'est comme ici où je vis. Tout le monde pense que c'est triste, mais on arrive quand même à bien s'amuser. Et je me suis habitué très vite.

Alors je suis sûr que tu peux faire pareil. Regarde dans le placard à gauche de la cuisinière à la maison : normalement, maman cache les chocolats derrière la farine sur l'étagère du bas. Mon grand frère et moi, on a toujours su où elle les mettait ! Vas-y, sers-toi, tu verras, ils sont super bons. Maman sait bien les choisir. Marco, ça le fera rire que tu connaisses la cachette. D'ailleurs, tu devrais passer plus de temps avec mon frère. Il est timide lui aussi, et un peu maladroit alors vous devriez vous entendre. Et puis ça me rendrait service : je m'en veux de l'avoir laissé tout seul comme ça.

Tu veux bien, dis ?

Samy

PS : je n'ai rien dit sur ton histoire en Irak, parce qu'elle est très triste, c'est vrai. Il ne faut plus y penser, d'accord ? Les choses très tristes, on ne peut rien y faire, alors il faut les laisser partir. Mais je veux bien que tu me racontes ton voyage. Ça doit être beau les voyages…

☆

Mohammed est de retour dans la chambre quand il reçoit ce message.

Voilà bien la naïveté de l'enfance… La réalité, c'est que cela a été un voyage épouvantable. Il n'a pas envie de répondre. Pas tout de suite. Il s'allonge. Cherche à se détendre. Mais ne parvient pas à faire taire les pensées qui s'accumulent dans sa tête. Il se ravise. Après tout, personne jusqu'ici n'a vraiment cherché à savoir ce qu'il a vécu. Laisser sortir les souvenirs lui fait du bien, il s'en rend compte. Mais Samy n'est qu'un enfant. Un enfant dont il envie tellement l'innocence ! Doit-il vraiment lui raconter ? Il va essayer de trouver les mots.

☆

Tu sais, petit Samy, les voyages ne sont pas toujours beaux. Le mien ne l'a pas été. Pourtant j'ai traversé des pays magnifiques. Je le sais, mais je ne les ai pas vus. J'ai dû aller vite. Me cacher souvent.
Mon frère Nasim avait mis de l'argent de côté depuis un moment. Nos parents nous en ont donné aussi. Beaucoup. Tout ce qu'ils pouvaient. Il faut beaucoup d'argent pour un voyage comme ça. Il y a des hommes qui sont prêts à tout, si on les paye. Prêts à trahir, et nous, on comptait dessus. Pas le choix.
Nous avons fixé une date. Plus le moment du départ approchait, plus l'angoisse me serrait le cœur.
Nous sommes partis au petit matin. Il faisait encore sombre. Dire au revoir quand il s'agit peut-être d'un adieu, c'est très difficile. Alors on fait semblant. Nous avons embrassé nos parents, notre sœur. Moi, je n'ai plus voulu me retourner, je savais qu'ils nous suivraient encore longtemps du regard, même dans le noir. C'était trop dur, j'ai préféré avancer le

plus vite possible. Nous avons marché. Longtemps. C'était éprouvant, avec ma blessure à la jambe qui me faisait toujours mal. Nous sommes passés par d'autres pays, la Syrie d'abord, puis la Turquie. Toujours en nous cachant. Nous n'avions pas le droit de faire ce voyage. Tout le temps, il fallait échapper aux gardes-frontières. Parfois, nous avons pu monter dans des voitures qui acceptaient de nous prendre contre de l'argent. Alors, tu comprends, en se cachant, on ne voit pas grand-chose des paysages. Jusque-là, ça allait encore. Le plus dur était la pensée constante de notre famille que nous avions laissée derrière nous.

En Turquie, je savais qu'il faudrait trouver un moyen de traverser la mer, pour atteindre la Grèce. Et là, tu vois, j'avais vraiment peur. Je ne sais pas nager. Nasim non plus. Je crois que sans lui, j'aurais rebroussé chemin. Il est courageux mon frère. C'est lui qui a trouvé un passeur. Négocié le prix. Quand j'ai vu le petit bateau auquel nous confiions nos vies, j'ai pensé que jamais je n'y arriverais. C'était un petit bateau de pêcheur. Il ne me paraissait pas solide du tout. Mais le passeur ne m'a pas laissé le temps de reculer. Il a dit : « Allez, dépêchez-vous. C'est maintenant ou jamais. Si vous ne montez pas, d'autres prendront votre place. » Nasim est monté sur le bateau comme s'il avait fait ça toute sa vie, et

il m'a tendu la main. Je l'ai attrapée, suis monté à mon tour. Ensuite, j'ai fermé les yeux, et j'ai prié. Si j'avais pu, j'aurais fermé les yeux pendant toute la traversée. Me croiras-tu si je te dis que je n'avais jamais vu la mer ? On dit qu'elle est belle. Je ne me souviens que de ma peur. Et du froid de la nuit. Es-tu déjà monté sur un bateau ? Ça n'arrête pas de bouger. Je ne sais pas combien de temps nous sommes restés à bord. Je n'ai quasiment rien mangé. Mais à force de prières, nous sommes arrivés. Après, nous avons encore dû traverser plusieurs pays avant d'atteindre la Hongrie. Ce sont d'autres hommes, des passeurs encore, qui nous ont fait franchir la frontière, toujours de nuit. À travers les champs. Cette fois, j'ai retenu mon souffle longtemps. Si quelqu'un nous avait vus, notre voyage se serait terminé là. Mais ça s'est bien passé. La peur, quand elle est trop forte, paralyse la pensée. C'est mieux. Mon corps obéissait, suivait, avançait, et je ne pensais plus. Rien. Je suivais Nasim. Si lui y arrivait, je le pouvais aussi. Ça sert à ça aussi les grands frères, tu sais. De ce pays, je ne me souviens que du clair de lune. La lune est la même partout. J'aime cette idée. Elle me rassure.
Nous sommes arrivés épuisés. Mais ce n'était pas fini. Là-bas, personne ne voulait nous héberger. Nous étions illégaux. J'ai pensé à ma mère. Je me

suis dit que c'était bien qu'elle ne sache rien de tout ça. J'aurais eu honte de lui avouer que nous dormions, Nasim et moi, dans la rue. Que nous mangions mal, à peine. Elle aurait été bouleversée. Je lui avais promis en partant que nous allions vers une vie meilleure. Que tout serait mieux. Là, je t'avoue que j'ai eu des doutes. À un moment, je me suis même dit que la vie en Irak, autorisée, valait peut-être mieux que la vie ailleurs, sans papiers, interdite. Malgré les bombes. Nasim a senti que je flanchais. Alors il s'est mis à me parler tout le temps. Pour m'empêcher encore de penser. Il ne cessait d'avancer, de croire, d'espérer. Tout le voyage, il a été formidable. Mon grand frère est un héros, tu sais ? Je l'admire tellement.

C'est encore lui qui a trouvé un moyen de franchir la frontière autrichienne. À pied encore. Avec ma jambe et mes côtes, cela a été éprouvant. À force de marcher, à cause du manque de nourriture, j'avais de plus en plus mal. Nasim m'a soutenu. Nous n'étions pas seuls, d'autres, qui fuyaient aussi, étaient là. Quatre d'entre eux ont été arrêtés. Pas nous. Nous avons eu de la chance.

Quand nous sommes arrivés, la police autrichienne nous a emmenés dans un camp. On a donné nos noms. Enfin, nous avons pu dormir sur un vrai matelas. Ça a été mon premier camp. Depuis, j'ai eu de

nombreuses autres nuits en camp, au milieu de centaines d'autres réfugiés.
Et voilà. De l'Autriche, nous sommes allés en Allemagne. Puis moi, je suis venu ici. Sans Nasim… Mais ça, c'est une autre histoire.
Voilà Samy. C'était ça mon voyage. Le grand voyage de ma vie. C'est moins joli que ce que tu pensais, mais un jour, peut-être, je le referai en sens inverse. Libre. Et j'aurai de plus belles choses à partager avec toi…
Excuse-moi, j'en oublie ton grand frère à toi, Marco. Tu as raison de lui vouloir du bien. C'est important.
Je t'embrasse,
Mohammed

☆

Samy se lève. Appuyé sur une main, la droite, celle qui fonctionne le mieux, il parvient à soulever ses fesses, et les avance sur le rebord du lit. Puis il se laisse doucement glisser, jusqu'à sentir le sol dur sous ses pieds nus.

Il a faim. Son estomac lui dit que c'est certainement l'heure. Celle où les dessertes roulantes arrivent, débordant de bonnes odeurs. Ce n'est pas tout à fait l'heure du repas, mais les dessertes ont toujours un temps d'avance. Et les soignants mangent tôt. Avant eux. Avec un peu de chance, il réussira à subtiliser quelque chose. Il sort de sa chambre, et s'avance dans le couloir. Bingo ! Trois dessertes sont là, à quelques pas de la salle à manger. Et aucun adulte dans le couloir. Quant aux enfants, peu d'entre eux sont en capacité de bouger seuls. Ils restent dans leur lit, attendant qu'on les lève pour les mener à table le moment venu. Mais Théo est là aussi. Lui, il marche très bien. Il court même, souvent. Et il est déjà sur la pointe des pieds, s'apprêtant à saisir un yaourt qui dépasse un peu. Zut, il va falloir se dépêcher si Samy veut avoir quelque chose. Heureusement, Théo est tout petit. Il a beau avoir déjà neuf ans, il ne grandit pas, et a la taille d'un enfant de quatre ans. Mais quel débrouillard celui-là ! À chaque main, il lui manque des doigts, ses yeux sont énormes, mais il se marre tout le temps et pense bien à câliner chaque aide-soignante avant d'aller commettre sa prochaine bêtise. Un fin politique. Du coup, elles lui pardonnent beaucoup. Là, il s'étire autant qu'il peut pour attraper le yaourt quand apparaît Kenza. Samy et Théo la regardent. À leur façon : Théo, droit dans les yeux, Samy en portant la main à sa bouche, le regard en l'air. Une seule seconde lui a suffi. L'avoir eue dans son champ visuel lui a permis d'enregistrer l'information : ils sont trois sur le coup. Ils ne l'ont pas entendue celle-là ! Évidemment, la chanceuse a un fauteuil roulant. Elle s'en sert avec une agilité incroyable, elle file à toute allure, glisse en silence. Alors que Samy, lui, claudique cahin-caha sur ses mauvaises jambes. Il est évident qu'il n'a aucune chance face à ces deux-là. Vite, Théo saisit quelque chose, au hasard… et… *cling clong* patatras, fait tomber les assiettes.

— Qu'est-ce qui se passe ici ?! (C'est Valérie, accourue de la salle à manger.) Oh, les petites canailles !

Elle fait mine de gronder Théo, qui n'y croit pas une seconde. Le regard planté dans le sien, il lui décoche son plus beau sourire.

Kenza s'exclame : « Tata ! » C'est un de ses mots préférés, elle le dit à tout le monde, toute la journée. C'est qu'elle est maligne la petite ! Avec un mot pareil, et autant de femmes dans le personnel, toutes les aides-soignantes ont l'impression d'être désignées « tata de Kenza ».

Samy, lui, n'écoute pas. Il sait ce qu'il lui reste à faire.

Il s'approche de Valérie. En regardant ailleurs, l'air de ne pas y toucher. Et au moment où il arrive à sa hauteur, zou, il glisse la main dans la poche de la jeune femme, et en retire un petit sachet de biscuits. C'est gagné ! Elle a toujours un biscuit dans sa poche. Et rezou, hop, le gâteau est déjà dans la bouche de Samy. Qui poursuit son chemin, et file vers la salle de bains.

— Hé, attends un peu toi ! rigole Valérie. Samy, on ne mange pas le papier, je te l'ai déjà dit !

Elle se précipite, Kenza et Théo sur ses talons. C'est qu'il a l'air d'y avoir de l'action, ils ne veulent pas manquer ça !

La porte de la salle de bains est ouverte…

— Théo ! C'est toi qui as ouvert la salle de bains ?

La question n'attend pas de réponse. Évidemment que c'est Théo, c'est le seul ici qui sache ouvrir les portes. Samy est déjà entré. À cette heure-ci, la baignoire est souvent pleine pour le premier bain des jeunes patients. Il fonce en avant vers la baignoire médicale, bien trop haute pour qu'il puisse y entrer, s'appuie contre la paroi, pousse sur ses pieds autant qu'il le peut, et plonge les mains dans l'eau tiède. Jusqu'au coude. Tout habillé. Le sachet de biscuit encore froissé dans la bouche. Que c'est bon ! Ravi, il claque l'eau et éclabousse Valérie. Théo surgit derrière et l'imite. Kenza tente de faire glisser son fauteuil à leur hauteur. Mais Valérie intercepte la main de Samy. Lui ouvre la bouche, attrape le sachet, écarte Kenza d'un pied et fait les gros yeux à Théo. Samy rigole. Son rire jaillit, un peu rauque, un peu rentré, mais c'est un vrai rire. Qui fait rire Théo. Et Valérie. Et Kenza.

— Tata ! Tata ! rit aux éclats la fillette.

— Eau, eau, eau ! crie Théo en sautillant de joie.

— Tu as besoin d'aide, Valérie ? demande Sandrine, qui a entendu le raffut.

— Pas du tout, telle que tu me vois, je suis en train de prendre une douche avec trois petites terreurs… Tu en récupères un, pendant que je tiens Samy ?

Sandrine s'exécute. Elle prend la main de Théo, tandis que Valérie ne lâche pas celle de Samy. Qu'il tente désespérément de replonger dans l'eau.

— OK les enfants. C'est rigolo, mais on sort de la salle de bains. Samy, ce n'est pas l'heure. Et je suis toute mouillée maintenant.

Trois petits visages lui sourient béatement. Il y a de la malice dans leurs yeux, mais surtout le plaisir du moment. Celui de voir l'amusement de Valérie, d'avoir un gâteau dans la bouche, ou d'avoir assisté à un événement. Il en faut peu pour les rendre joyeux, songe la jeune aide-soignante… Elle entraîne d'une main Samy, qui a juste le temps d'attraper une brosse à dents posée sur l'étagère attenante à la baignoire, de l'autre elle pousse le fauteuil de Kenza et suit Sandrine et Théo à l'extérieur de la pièce.

Les aides-soignantes les emmènent tous les trois dans la chambre de Samy. Ils sont mouillés, Samy est sale de miettes trempées, mais ils s'en fichent. Théo se blottit dans les bras de Valérie, assise sur le lit, auquel Kenza colle son fauteuil. Samy s'est installé à sa place habituelle, le dos contre le matelas fixé au mur. Sandrine lui caresse doucement la tête, tandis qu'il mâchonne consciencieusement la brosse à dents.

— Ah ben ça va ! Y a de l'eau partout, une assiette par terre et vous êtes là à vous câliner ?

C'est Isabelle qui a surgi.

— On les punit. Ça se voit pas? répond Valérie avec un clin d'œil.

☆

Coucou Mohammed!
Ben dis donc, en effet, ça a l'air drôlement compliqué les voyages. Moi qui croyais que c'était magique! D'habitude, quand les gens parlent de leurs voyages, ils ont l'air contents.
Et puis maintenant que je t'entends, je vois que les gens, ils sont pareils partout. Il y en a qui sourient, d'autres qui ont toujours l'air fâchés. J'aime pas quand les gens sont fâchés. Je me donne du mal souvent pour les faire sourire, mais ça marche pas toujours. Pourtant j'en fais des bêtises, pour faire rire tout le monde! Ce qui marche le mieux, c'est quand je me promène sans ma couche. Je m'en suis vite rendu compte, succès garanti! C'est chouette, parce qu'en plus, j'aime pas avoir des couches. Et on m'en met tout le temps. Des fois, quand personne me voit, je pose mes mains sur mes hanches, et je les fais glisser. Ça fait tomber la couche. En m'appuyant bien sur le lit, j'arrive à passer par-dessus. Louisa, elle aime bien aussi. Elle est toute petite, et nouvelle dans le service. Quand elle me voit faire ça, elle fait pareil. Et nous on est bien contents tout nus! Qu'est-ce que c'est agréable de

ne rien avoir sur la peau. On sent tout mieux. L'air qui refroidit, le drap du lit qui chatouille. C'est trop bien. Et à chaque fois, ça loupe pas : quelqu'un finit par nous voir, et s'exclame : « Mais c'est pas vrai ! Vous avez encore réussi à enlever vos couches tous les deux ? Mais qu'est-ce que c'est que ces petits nudistes ? » Nous, on fait semblant de ne pas entendre, et on file tous les deux dans les couloirs. Les autres nous courent après pour nous rhabiller. Et ça les fait bien rire tous. Moi j'aime bien les faire rire. Surtout ceux qui arrivent le matin en faisant un peu la tête. Ils croient qu'on le sait pas, mais nous, les « résidents », on sent tout. On a un genre de super pouvoir : si vous êtes triste, contrarié, énervé ou fatigué, pas la peine de le cacher, nous on le sait tout de suite que vous n'êtes pas d'humeur. Parce que vous dégagez quelque chose de spécial qu'on reçoit cinq sur cinq. Et qu'on n'aime pas du tout. Alors on se donne du mal pour vous. Et moi j'ai remarqué que quand les gens se forcent à sourire, pour nous faire plaisir, ben au bout d'un moment, ils sourient pour de vrai.

Bon, en tout cas, si très loin d'ici, partout dans le monde, c'est les mêmes gens, moi, je suis content de pas bouger. Je vais quand même pas aller enlever ma couche jusqu'en Turquie (c'est loin, la Turquie,

non ?) ! Et puis, tu sais, j'aime pas marcher trop longtemps, moi non plus.
Je suis content que tu sois arrivé chez nous, chez moi. Alors reste un peu d'accord ? Tu verras, tu seras bien ici.
Je t'embrasse, le petit-déjeuner est arrivé, je file dans la salle à manger. Et toi ? Tu fais quoi alors aujourd'hui ?
Samy

☆

Cher Samy,
Oui, tu as raison, ce serait si simple de ne plus penser parfois. Ou qu'un chocolat fasse oublier les peines. J'aimerais bien.
Que te disais-je déjà ? Que voulais-tu savoir ? Ah oui, ce que je fais de mes journées. Dès que j'entends du bruit dans le salon, je me lève. Je n'ose pas sortir de ta chambre tant que personne n'est encore sorti de la sienne. Souvent, c'est ta maman la première levée. Elle fait bouillir l'eau pour le thé et j'apprécie que personne chez toi ne boive de café. Le thé me rapproche de mes parents, de ma sœur. À la maison, c'était elle qui le préparait chaque matin. Zana le faisait bien noir, et savait écraser les petites capsules de cardamome comme personne. Une fois,

alors que j'étais levé plus tôt qu'à l'accoutumée, je l'ai trouvée déjà active dans la cuisine. Elle m'a demandé de préparer les verres, d'y mettre le sucre. Elle était de bonne humeur ce matin-là, et moi aussi. Nous chuchotions pour ne pas réveiller les autres, et Zana se moquait de mes gestes lents. « Mais enfin, tu n'as pas encore fini ? Dépêche-toi. L'eau est chaude, le thé est prêt ! Tu me fais attendre. » Je lui ai rappelé en souriant que j'étais son frère aîné, et qu'elle me devait le respect. Ce qui avait en général le don de la faire bondir. « Eh bien, prépare-le toi tout seul, ton thé ! » a-t-elle rétorqué en riant. Notre mère nous a rejoints. Nous nous sommes installés, tous les trois, dans notre petite cuisine. Le soleil à peine levé, tout était calme autour de nous. On était bien. Sans mon père, et sans Nasim. Moi, seul avec les deux femmes de la maison. Ça m'arrivait rarement, en fait. Et le thé était délicieux.

Mais, excuse-moi, je m'égare. Je reviens à mon nouveau quotidien. À ta maman le matin. Je l'entends qui s'active, j'entends ces mille petits bruits de la cuisine, *pchhhh*, l'eau qui coule, *tak*, la bouilloire en métal qu'elle pose sur la cuisinière, *cling*, les couverts qu'elle dispose autour des tasses sur la table, *poc poc poc*, ce sont les ronds de serviette qui s'installent. Puis le pain qu'elle coupe, et pendant qu'il grille, quelques secondes de silence, et ses pas dans l'escalier. Ta mère remonte à l'étage réveiller ton grand frère. À ce moment, je ne suis toujours pas sorti de la chambre. Dans le silence, j'attends encore. Qu'est-ce que j'attends ? Je ne sais pas. D'avoir la force pour ces petites conversations futiles de ceux qui n'ont rien à se dire mais qui partagent pourtant leur vie. Eux. Et moi. Si différents. D'avoir la force de surmonter ma gêne, ma timidité, et tenter de les comprendre. Ton frère et Richard (ton beau-père, c'est ça ?), sa fille Marie quand elle est là, se réveillent, tout le monde redescend. C'est le moment pour moi, celui où je peux enfin prendre ma douche.

Au début, je ne savais pas comment faire. Ta mère m'avait bien montré la salle de bains, mais je ne savais pas quand je pouvais l'utiliser. Je ne voulais pas déranger. Et tant de questions se posaient ! Pouvais-je en sortir la serviette enroulée autour de la taille ? Mon torse nu pouvait-il choquer ta mère si je la croisais ? Et puis, comment s'habille-t-on chez toi le matin ? Sort-on des chambres en pyjama ? Ou dois-je déjà être habillé pour le petit-déjeuner ? Dois-je laisser ma serviette de bain avec celle de ton frère sur le séchoir ou dois-je la redescendre dans ta chambre ? Tout ceci me tracasse tant. À force d'y réfléchir, de ne pas pouvoir poser ces quelques petites questions, je n'allais toujours pas dans la salle de bains. Je me contentais de me laver le mieux que je pouvais au lavabo des toilettes. Ta mère a fini par réagir. Elle a dû penser que j'étais sale, quelle honte. Elle a dû s'interroger beaucoup aussi sur la manière de s'y prendre. Elle m'a montré une feuille sur laquelle elle avait dessiné une baignoire et des cadrans d'horloge. Sous l'un d'eux, elle avait écrit quelque chose, les aiguilles indiquaient dix-neuf heures. Sous l'autre, un autre mot écrit, les aiguilles étaient sur sept heures trente.

J'ai compris. Je l'ai remerciée, le plus vivement possible. Mais j'avais encore besoin d'aide. Je ne suis pas très doué, et j'ai du mal avec votre alphabet. J'ai indiqué du doigt le mot qu'il me semblait avoir vu le plus souvent, il était sous les aiguilles de sept heures trente, cela devait être Mohammed, mais je n'en étais pas certain; et je ne voulais pas que ta mère attende mon lent décryptage. J'ai posé l'autre main sur ma poitrine et l'ai interrogée du regard. Elle a souri, a levé un pouce, me confirmant que je ne m'étais pas trompé.

Ça ne répondait pas à toutes mes questions, mais ça me soulageait déjà de beaucoup. Au moins, désormais, je pouvais aller me laver!

Ton beau-père descend prendre son thé en peignoir. Ton frère est déjà habillé pour le lycée.

Et ta mère, ça dépend des jours. De ses horaires de travail. Je n'ai pas bien compris son travail. Elle s'absente parfois plusieurs jours d'affilée. Elle s'occupe de moi aussi, c'est elle qui est venue à ma rencontre la première fois, pourtant c'est avec elle que je me sens le moins à l'aise. Je sais que les femmes de ton pays ont une vie différente de celles du mien. Alors je dois apprendre. Comprendre. Apprendre à ne pas être gêné devant les pantalons moulants de ta mère, mais pour l'instant je ne sais toujours pas où poser mes yeux quand elle est là. Mais c'est un autre sujet, bien trop sérieux pour un petit bonhomme comme toi.
Je quitte la maison tôt, vers huit heures, en même temps que ton frère. Je dois traverser tout Paris. Je n'ai pas de travail, pas de famille dont je doive prendre soin, et pourtant mes journées sont longues. Ça commence par mes cours de français, ceux qui m'ont été imposés par l'Office français de l'immigration. Cent heures obligatoires. C'est bien mais je ne sais pas si ça suffira. J'en ai déjà fait un peu plus de la moitié. Nous sommes moins d'une trentaine en général, réunis dans une petite salle. Et ce ne sont jamais les mêmes que je retrouve. Il y a des Soudanais, des Érythréens, des tas de gens venus de pays dont tu n'as sûrement jamais entendu parler. Je sais qu'il y a d'autres Irakiens, mais je ne les ai

pas encore croisés. Je le regrette. Parce que, pour le moment, je ne communique pas non plus avec les autres. Nous sommes tous ensemble, et seuls à la fois. On nous donne des feuilles, avec des listes de mots inconnus. Et le cours commence. Imagine un peu une leçon, dans une langue inconnue, avec un professeur qui ne parle pas ma langue, ni aucune autre personne. Je fais de mon mieux. Je m'efforce de répéter les mots. À voix haute, comme on nous dit de le faire. Quand je ne comprends vraiment rien, on m'explique avec des dessins, des gestes. Alors, tu vois, j'ai de l'entraînement pour comprendre ceux de ta mère.

Ces cours ont lieu à une heure de chez toi. Quand c'est fini, je reprends le métro. Et dans ma tête, pendant le trajet, je répète tous ces mots que je viens d'apprendre. Mais je t'avoue qu'il m'arrive d'en avoir déjà oublié certains. Je me rends à l'hôpital, soigner ma jambe qui me fait encore souffrir depuis l'explosion. On a dû me réopérer quand je suis arrivé en France. Je n'avais pas bien cicatrisé et ça s'était infecté. Le régime alimentaire du voyage et la fatigue ont laissé des marques. Les éclats de métal qui restent au niveau de mes côtes sont trop petits et apparemment sans conséquence. Je les garderai à vie. La marque indélébile en moi de mon départ d'Irak. C'est peut-être mieux. Ça me rappelle que j'ai eu raison de tout quitter.

Je vais aussi à la Sécurité sociale, encore et encore, ou à la mairie, pour le logement, voir où en sont mes papiers ; mon statut de réfugié est acquis, mais je n'ai pas encore ma carte de séjour. Maintenant, je connais les lignes du métro par cœur. J'avais tout noté sur un papier : les adresses dans votre écriture de chacun de mes rendez-vous, la station de métro correspondante. À l'Offl (l'organisme qui s'occupe des gens comme moi), quelqu'un m'a aidé pour organiser mon « plan de déplacement ». Ça me rassure. Je n'osais pas demander mon chemin dans la rue. Les premières fois, quand je n'avais pas le choix, je le faisais. Il fallait que je trouve quelqu'un qui n'ait pas l'air trop pressé. Et gentil. Pas facile de deviner. Je n'ai pas ton super pouvoir, et je suis plus timide que toi. Je n'osais pas déranger. Quand enfin je me décidais, je disais juste : « sil vou plé ». Et je montrais l'adresse écrite sur le papier. Parfois, on m'indiquait gentiment la direction. Mais les paroles qui accompagnaient les gestes, je ne les comprenais pas. Parfois, on m'ignorait. Aujourd'hui, je me débrouille seul. Je vais toujours aux mêmes endroits de toute façon.

Et puis je veux trouver du travail.

Puisque tu me dis tout, je dois aussi tout te dire : je ne fais pas tout ça en une seule journée, évidemment. Mais comme je ne sais pas trop quoi faire de moi chez toi, je préfère partir tôt. Et ne pas rentrer avant le soir. Pas avant que quelqu'un soit là. J'aimerais tant me reposer, penser, dormir, après ces kilomètres parcourus dans les couloirs du métro, rester un peu seul, tout seul, juste sans plus d'efforts à faire pour rien. Mais je ne veux pas laisser croire que je ne fais rien et que je passe mon temps à la maison. Ni m'approprier une maison qui n'est pas la mienne.

Alors je marche dans la ville, je la découvre, je l'apprends. Je m'offre un sandwich, je mange assis sur un banc quand j'en trouve un. Et je rentre vers dix-neuf heures.

Ton frère est là. Il m'accueille, et me demande mes cours de français. J'aime bien ces moments. Tu avais raison, c'est plus facile avec lui. Nous sommes juste tous les deux, c'est un ado, je ne me sens pas jugé, et il a envie de bien faire. Avec lui, je révise ma prononciation. Il essaie de m'expliquer de nouveaux mots. Parfois, il y a aussi Marie. Elle est très patiente avec moi, très gentille aussi. Puis ta mère rentre, et enfin Richard.

Je dois m'arrêter là pour le moment. On m'appelle à table.

À très vite, petit Samy, j'espère que tout ça ne te pèse pas trop, tous mes mots de vieux monsieur fatigué. Te parler m'est bien doux.
Je t'embrasse,
Mohammed

☆

Toc, toc toc…

Quelqu'un frappe doucement à la porte de la chambre.

— Oui ?

— Mohammed, tu veux bien venir, s'il te plaît ?

Mohammed est allongé sur le lit de Samy, l'esprit visiblement ailleurs. De la tête, Richard lui fait signe de l'accompagner. Il s'exécute. Se pliant en deux, il passe par la petite porte, étire son long corps pour se redresser, et suit Richard dans le salon.

Celui-ci lui désigne un tas de vêtements, pliés avec soin sur la table basse.

— J'ai vu que tu manquais de vêtements. Alors on en a sélectionné. Si tu les veux, ils sont à toi.

Cette offre avait fait l'objet d'une intense discussion familiale. Il était évident que Mohammed avait besoin de plus d'affaires. Il faisait froid, et il portait toujours le même pull, la même veste un peu trop légère. Depuis qu'il vivait là, on ne l'avait vu qu'avec deux pantalons différents. Fallait-il lui acheter des habits supplémentaires ? Ne risquait-il pas de s'en sentir offensé ?

— Personne ne veut de la pitié des autres, c'est connu ! avait argumenté Marco.

— OK, mais il n'a pas les moyens de s'en offrir lui-même. Alors on fait quoi ? On le laisse comme ça ?

— Moi, ça ne me dérange pas de lui donner des miens. J'en ai bien assez. Je peux faire le tri, et je pense qu'on fait à peu près la même taille. Ça devrait lui aller.

— Il va falloir faire attention à la manière de lui présenter les choses…

Richard avait donc fait le tri dans son armoire. Choisi scrupuleusement des vêtements en bon état, qui semblaient correspondre à Mohammed. D'autres hommes de la famille, oncles, grand-père, avaient aussi offert des chemises et des pulls chauds.

Mohammed hésite. Qu'est-ce que Richard cherche à lui dire précisément ? Il analyse la situation à toute vitesse, évaluant les options possibles : est-ce qu'il doit prendre les vêtements et les mettre dans le lave-linge ? Les ranger ? Lui assigne-t-on une tâche dans l'organisation familiale ? Chacun fait sa part, et jusqu'ici, lui ne participe quasiment pas, la plupart du temps retranché dans sa chambre.

Quelques jours plus tôt, alors que le dîner prenait fin et que tous s'activaient, Églantine, un sourire amusé aux lèvres, lui avait planté une éponge dans les mains en lui montrant la table.

— Allez Mohammed, toi aussi ! On s'y met tous.

Les autres s'étaient tournés vers lui en rigolant. Marco avait haussé les épaules et levé les mains en signe d'impuissance. Il avait été désigné pour sortir la poubelle.

— Eh oui ! Toi aussi !

Mohammed s'était exécuté avec plaisir. Se voir mis à contribution comme le reste de la famille le soulageait. Il n'avait pas su s'y prendre pour proposer son aide plus tôt. Le geste simple et franc d'Églantine le remettait à sa place, celle que la petite famille voulait bien lui donner : non plus un invité mais un membre à part entière de la vie familiale.

Face à cette nouvelle situation, toutefois, il reste les bras ballants, ne sachant ce qu'il doit faire.

Richard se décide. Il prend un pull sur la pile, le positionne devant Mohammed en souriant et pointe son index vers lui.

— C'est pour toi.

« Toi. » Mohammed connaît ce mot. Il croit comprendre mais hésite encore.

Marie vient à la rescousse.

— Il faut que tu les essaies, Mohammed, fait-elle en saisissant le pull dont elle étire le col pour le faire passer par-dessus la tête de Mohammed.

Là, c'est clair. Il se détend et commence les essayages, comme on le lui demande.

— Et si tu n'aimes pas, il faut le dire. Tu peux refuser une chemise que tu trouves moche, OK? dit Marco.

Joignant le geste à la parole, Marco attrape dans le tas la chemise qu'il trouve la plus moche et fait une horrible grimace à l'adresse de Mohammed. Puis rejette la chemise sur le canapé.

Cela fait sourire Mohammed. Il n'ose cependant rien refuser. Il prend tout, forcé d'admettre que ces vêtements lui sont nécessaires. En même temps il se jure de faire tout son possible pour ne plus dépendre ainsi de la générosité de ses hôtes.

Jusqu'ici ils lui offrent tout. Et lui? Qu'a-t-il à donner en échange? Rien. Désespérément rien, se dit-il.

☆

Bonjour Mohammed!
Dis donc, tu t'en poses des questions! Je crois que tu penses trop. Beaucoup trop. J'évite, moi. C'est trop encombré dans ma tête sinon. En tout cas, j'espère que tu es moins triste maintenant. Ce n'est pas

facile de vivre éloigné des siens, j'en sais quelque chose, mais tu vas t'habituer, tu verras.
Moi, quand je suis parti de la maison, je n'avais pas bien compris ce qui se passait. Comme je ne disais rien, maman croyait que je ne comprenais rien et ne prenait pas toujours la peine de m'expliquer les choses. Bon, c'est vrai, c'était un peu ma faute aussi, j'aurais pu faire un effort. J'écoutais seulement quand j'en avais envie, et je décidais ce que j'avais envie de comprendre. Super pratique. Je ne me fais jamais gronder (contrairement à mon frère, moi, on ne m'a jamais demandé de ranger mes affaires par exemple, alors que je suis bien capable quand même de ramasser mes jouets) et on me prépare toujours ce que j'aime à table. Tout était toujours bon pour me faire plaisir. Alors j'en ai un peu abusé... C'est comme ça qu'un jour, hop, sans préavis, je me suis retrouvé dans un avion, avec maman, direction le sud de la France. L'hôpital où j'ai atterri, ça allait, je le connaissais. J'y avais déjà fait quelques séjours pour que maman se repose. Je reconnais qu'elle en bavait, la pauvre. Je ne dors pas beaucoup, et j'aime bien faire du bruit la nuit, comme je t'ai déjà raconté. Je sais bien qu'il ne faut pas, que je fatigue tout le monde, mais c'est plus fort que moi, j'adore la nuit! Je n'arrive pas à me contrôler, j'ai besoin de bouger, de me balancer le plus fort possible contre le mur,

ça résonne dans mon dos, à l'intérieur de moi, c'est fort, c'est intense, c'est une sensation géniale ! Et puis j'aimais bien que maman vienne me voir au milieu de la nuit. Elle chuchote pour ne pas réveiller les autres alors que je crie depuis longtemps, je crois qu'en fait c'est elle qu'elle ne veut pas réveiller tout à fait, elle est toute à moi, rien qu'à moi. Elle cherche à me bercer, me calmer, m'apporte de l'eau, me câline, c'est pas mal du tout. La nuit m'appartient et ma maman aussi !

Mais bon, elle a fini par s'épuiser. Alors j'ai dû déménager. Ça a été une surprise totale. En fait, je me souviens, maman a essayé de me parler, de m'expliquer, mais comme ça lui faisait mal, elle n'y arrivait pas. Et moi je n'ai pas trop cherché à savoir, alors comme je ne la regardais pas quand elle abordait le sujet, elle a fini par croire que je ne comprenais rien. On est restés trois jours ensemble à l'hôpital, c'était comme des vacances tous les deux, ça m'a plu. On m'a installé dans une grande chambre, claire, lumineuse, que je partage avec Romain. C'est cool, il ne fait aucun bruit. Je ne l'entends pas. On m'a même mis des gros matelas aux murs pour que je puisse faire résonner mon dos à l'envi. Et puis maman est partie. Elle m'a dit au revoir, elle avait plein de grosses larmes qui coulaient de ses yeux, elle m'a promis de venir souvent, et elle est partie.

Ça m'a fait drôle de la voir si triste, mais je pensais encore que c'était provisoire.
Et puis, à chaque fois qu'elle revenait, elle repartait sans moi. J'étais triste moi aussi. J'aurais aimé qu'elle reste, qu'elle vienne encore me voir toutes les nuits. Mais elle repartait. Alors j'ai pris les choses en main pour organiser ma vie.
Il fallait d'abord que je comprenne comment fonctionnait l'endroit. La salle des dames en blouses roses, qui viennent me donner des médicaments, j'aime pas. Ça sent pas bon, et c'est tout petit. Je déteste me sentir coincé avec d'autres personnes, encore plus dans une toute petite pièce. Ma chambre, je peux m'y réfugier dès que je veux, elle est OK.
Sauf quand des fois y a d'autres enfants qui y viennent pour quelques jours. Romain et moi, on nous demande même pas notre avis, tu te rends compte ? C'est chez nous quand même ! C'est drôle ça, nous, les handicapés mentaux, tout le monde dit toujours qu'on doit préserver nos habitudes, pour ne pas nous stresser. C'est vrai, mais alors pourquoi on n'a pas un vrai « chez-nous » ? Vous voulez partager toute votre vie votre chambre avec des inconnus, vous ? Enfin bon. Puisqu'on n'a pas le choix, on fait avec. C'est-à-dire que, parfois, je pique de telles crises qu'ils déplacent le nouvel arrivant

qui va tenter sa chance dans une autre chambre. Je sais y faire, hein ??
Le grand couloir qui court tout le long du service, les chambres d'un côté, les bureaux et les pièces communes de l'autre, il est pas mal. Je peux m'y promener, même si parfois y a trop de monde. Non, le meilleur endroit c'est la cuisine. Ça, je l'ai vite repérée la cuisine, tu peux me croire ! Dès que tu franchis la porte, face à toi, il y a un énorme frigo, qui cache des tas de trésors : des yaourts de toutes les couleurs, des petits gâteaux, des jus de fruits aussi colorés, c'est un peu l'arc-en-ciel là-dedans. C'est beau, si tu voyais ! Alors j'ai mis au point, là aussi, une super stratégie : à table, je refuse tout, sauf le sucré. C'est ce que je préfère, le sucré. Après, ils ont peur que j'aie faim, alors ils cèdent. À tout moment de la journée j'attrape la main du premier adulte qui passe, et zou, direction le frigo. L'adulte s'exécute. Et me voilà à engloutir mes yaourts préférés. En plus j'ai droit à des félicitations : « Bravo Samy, c'est bien d'être venu me chercher ! » Il faut dire qu'au début, je ne savais pas comment leur faire comprendre, alors je criais, je me cognais le dos contre la porte, et je me frappais un peu le visage. Ça marchait bien aussi ! Quelqu'un accourait, de peur que je ne fasse une bêtise ou que je me fasse trop mal, et pour stopper mes cris,

m'offrait à boire, mais comme je hurlais de plus belle, on finissait par m'ouvrir le frigo et me proposer tout ce qui s'y trouvait.

Bon, je t'avoue qu'ils se sont lassés, et ont tenté une autre méthode. Ils venaient au frigo, mais m'en écartaient, et me repoussaient dans le couloir.

– Samy, tu n'as pas besoin de hurler comme ça.

– Han, han !

... Et *pong*, un coup de poing au visage.

– Ça suffit, Samy, répondait-on en retenant mes poings. Tu te calmes, et tu nous montres ce que tu veux. Tiens, prends-moi la main et montre-moi.

Et on m'emmenait devant le frigo.

Ah ben, s'il suffisait de demander comme ça, moi je veux bien ! Du moment que j'ai mes yaourts... Alors j'ai fait comme ils voulaient.

Ils ont l'air tellement heureux, que je ne me prive pas de satisfaire ma gourmandise.

Et ça fait passer le manque de maman. Je fais la même chose pour le bain : ils ont de ces baignoires ici ! Je te raconterai une autre fois, parce que là, justement, rien que d'y penser, l'envie me prend. Je vais aller chercher quelqu'un pour m'y emmener...

Je t'embrasse,

Samy

☆

Ils se promènent, en ce dimanche après-midi, le long de la Seine. Il fait beau, dans cette ambiance dominicale les passants sont nombreux. Après le déjeuner, ils ont proposé à Mohammed de les accompagner, eux et leurs amis. Timidement, il suit. Il trouve les quais jolis, les enfants qui pédalent sur leurs petits vélos et le dépassent sont adorables, des parents sont même en patins à roulettes, c'est assez amusant. Il observe ces moments de paix, ces familles qui profitent de leur week-end…

Il se rapproche de Richard. Le regarde, lui sourit. Il aimerait poser des questions. Quelques-unes. Il a l'impression que le moment s'y prête. Et il préfère les poser à Richard. Il tente :

— Famille bien. Bien ensemble… Et Samy ?

Richard le regarde, surpris.

— Samy ? Le fils d'Églantine ? C'est de Samy que tu veux parler ?

— Samy. Oui. Pas Samy maison… difficile ?

— Oui, c'est ça. C'est difficile. Samy est différent. Et pour les aidants, comme on les appelle, c'est parfois très difficile. En fait, il faut parfois aider les aidants, dit Richard, plus à lui-même qu'à Mohammed.

Mohammed, qui continue de le regarder, sans comprendre.

— Difficile ? répète-t-il, puisque c'est le seul mot qui lui semble approprié dans le maigre vocabulaire qui est le sien.

— Très. Il faut s'en occuper tout le temps. Avant d'aller travailler, après le travail, la nuit aussi. Sans compter le stress, l'inquiétude, les soins. Églantine, c'est dans sa tête tout le temps. Et c'était pire avant. Tout ça ne s'arrête jamais. Alors, parfois, déléguer, c'est bien. Avoir des professionnels pour prendre le relais, c'est nécessaire. Mais ce pays n'est pas capable de faire les choses correctement et les places sont chères. Rares. Mal fichues. Pas adaptées.

Richard s'interrompt. Il sent sa colère monter. Il a du mal à se contenir quand il pense aux galères sans fin de ceux qui doivent soutenir quotidiennement un proche handicapé. Il les a découvertes récemment. Avec Samy.

Il sait qu'il parle à quelqu'un qui ne comprend pas. Et c'est sans doute la raison pour laquelle il s'est lancé dans cette tirade.

Mohammed, lui, a senti que le sujet était sensible. Il ne relance pas Richard.

— Famille bien. Ici, joli, fait-il en désignant les étroites pelouses qui jouxtent les quais.

— Oui, c'est très bien, Mohammed. Allez viens, on est à la traîne, les autres sont loin devant nous.

☆

Cher Samy,
J'apprécie beaucoup que tu partages avec moi la tristesse de ta séparation avec ta maman. On ne devrait jamais avoir à séparer un petit garçon de sa maman. Je suis vraiment désolé pour vous.
Ta maman a l'air d'aller bien, mais j'imagine combien ça doit être difficile pour elle aussi. Est-ce à toi qu'elle téléphone ainsi régulièrement ? Tous les deux jours environ, je l'entends, elle part s'isoler dans sa chambre, elle murmure et au bout d'un moment, elle chante, de ces chansons toutes douces, comme pour endormir les tout-petits. Est-ce pour toi ? Que te chante-t-elle ? Tu me le diras ?
L'entendre ainsi me fait toujours un petit pincement au cœur. Je ne sais pas pourquoi. Ses intonations, ses respirations entre les mots, ta maman chuchote…

Il y a quelque chose de particulièrement doux dans sa voix à ce moment-là. Non pas qu'elle ait une voix dure en temps normal, non, bien au contraire, mais là, elle est différente.

J'en arrive à attendre et à redouter ses chansons. Je les attends, parce qu'elles me rappellent la douceur de mon enfance, elles m'enrobent, me câlinent, et je les redoute parce qu'elles me plongent dans un passé définitif. Des instants qui ne se revivront plus.

Ma mère à moi aussi était douce. Toujours calme. Je ne me souviens pas de l'avoir jamais entendue s'énerver. Elle n'a jamais crié sur mon frère, ma sœur et moi. Et pourtant Nasim n'était pas toujours facile. Mais elle était d'une patience d'ange avec lui. On se parlait peu, je m'en rends compte maintenant. Est-ce que je connaissais bien ma mère ? En fait, je ne crois pas. Elle était là, avec ses gestes lents, rassurants, ses sourires doux, et ça me suffisait. Sa présence continuelle, immuable, était le signe que tout allait bien. Que mon monde tournait. Et j'en parle au passé à présent. Je ne veux pas. Je ne dois pas. Elle me manque tant. J'espère qu'elle ne souffre pas trop de notre absence. Le téléphone, l'électricité fonctionnent mal dans mon pays. Alors, quand je parviens à joindre ma famille, il faut faire vite. Aller à l'essentiel. J'ai envie de les entendre tous, je voudrais les retenir contre moi, garder leurs voix au creux de mon oreille pour les entendre à nouveau dès que j'en ai envie, mais ça passe trop vite. Je dis que je vais bien, mon père me dit qu'ils vont bien, ma mère demande le téléphone, veut m'entendre quelques secondes, on se dit qu'on va bien… Et ça coupe.

Ta maman ne se doute pas que je l'entends quand elle téléphone. Mais l'appartement n'est pas assez grand pour préserver l'intimité des voix.

Alors, est-ce vraiment toi de l'autre côté de l'appareil ? J'aimerais bien. Ainsi, chaque fois qu'elle t'appelle, je saurais que nous sommes deux à l'écouter. Comme si nous étions ensemble, toi et moi. Ensemble au même moment, reliés par la voix de ta maman. J'espère de tout mon cœur que je ne me trompe pas.

Tu es un sacré petit bonhomme, le sais-tu ? Bien plus fort que les gens normaux. T'entendre me donne un peu de ta force.

Je t'embrasse,

Mohammed

☆

Cher Mohammed,

Ça me fait tellement plaisir que tu me parles des chansons de maman ! Ce sont les meilleures, on est d'accord ? Oui, oui, c'est bien à moi qu'elle parle comme ça. Enfin j'espère bien qu'il n'y a personne d'autre ! Mais non, j'en suis sûr. Tu vois, malgré l'éloignement, nous avons nos habitudes maman et moi. Tous les deux jours, juste après le dîner et avant que je m'endorme, je sais qu'elle va m'appeler. Alors je m'installe sur mon lit, bien en appui sur le dos, contre le mur de la chambre, j'attrape ma poule, ou une brosse à dents que je mordille patiemment, et j'attends. C'est très agréable une brosse à dents dans la bouche, je ne te l'ai jamais dit ? Je ne sais pas pourquoi les gens les laissent abandonnées comme ça dans des verres, sur le rebord des lavabos. Alors que dans la bouche, ça gratte un peu, ça chatouille beaucoup, et en même temps, chaque petit bruit que ça fait contre mes dents s'entend directement dans mon oreille. Sans passer par dehors. C'est super rigolo, tu devrais essayer !

Alors, en attendant maman, j'alterne entre mon doudou-poule et la brosse à dents, pour me détendre.

Au bout de quelques instants, une aide-soignante entre, le téléphone du service à la main.

– Samy… ? C'est maman au téléphone…

Je ne réagis pas tout de suite. Je suis un peu lent, tu sais. Il faut du temps pour que l'information arrive jusqu'à mon cerveau, c'est comme ça. Mais quand enfin je comprends, je lâche ma poule et j'écoute.

– Attends, je te mets le haut-parleur. Allez-y, madame, il vous écoute.
Et maman me parle. Elle commence toujours avec les mêmes mots.
– Bonsoir mon amour... Bonsoir mon trésor. C'est maman. Il paraît que tu es en forme aujourd'hui...
Elle attend un peu. Elle ne pose pas de questions, ça pourrait m'angoisser. Elle sait que les questions, je n'aime pas trop. Je trouve ça compliqué. Il faut comprendre, chercher la bonne réponse. Ça me prend du temps tout ça. Alors que c'est si facile de parler sans poser de questions.
Je finis par réagir.
– Han, han... je dis en me balançant légèrement contre le mur.
Juste ce qu'il faut pour que maman entende. Comme ça, elle sait que je vais bien, que je l'écoute. Si je ne vais pas bien, je crie, je repousse le téléphone. Et je rejette mon dos bien plus fort en arrière. Le bruit lui fait comprendre que je ne suis pas en état de discuter avec elle.
Mais ce soir, ça va bien.
– Valérie m'a raconté que vous êtes sortis vous promener, et qu'il faisait très beau. Tu as même beaucoup marché, sans tenir sa main. Je suis très fière de toi, tu sais.

Elle attend... Si je ne réponds pas par un petit son quelconque, elle reprend :
– Samy, je ne t'entends pas... Dis-moi quelque chose quand même, sinon je ne sais pas si tu écoutes.
Parfois, je réponds directement :
– Han, han.
Mais d'autres fois, ce que j'aime bien, c'est juste respirer un peu plus fort. Je trouve ça beaucoup plus amusant. Et maman comprend toujours.
– Ah, là, je t'entends... Merci mon amour. Tu as de la chance tu sais, il fait beau chez toi. Nous, à Paris, il a plu toute la journée...
Et maman me raconte. Elle, mon grand frère, toi, le reste de la famille. Elle parle. Même si je ne comprends pas tout, parce que ça va un peu trop vite, et que je ne cherche pas à comprendre vraiment, j'aime bien, ça me berce. Et puis je sais qu'après, j'aurai droit à ma chanson. Alors j'attends.
Au bout d'un moment, c'est gagné :
– Bon, mon amour, je te chante une petite chanson pour que tu fasses un gros dodo, d'accord ?
Là, tu penses que maman m'a posé une question, mais non, parce qu'elle connaît la réponse et n'attend pas que je la donne. Et ça, je le sais.

D'ailleurs, à l'instant où elle prononce ces mots, je vais reprendre ma poule, m'allonger, la mâchouiller ou pas, et l'écouter.
Et maman chante.
Moi j'ai trois chansons que j'adore pour m'endormir : « Les petits poissons », « Une chanson douce » (celle-là, je l'aime particulièrement parce que maman ne connaît pas vraiment les paroles et invente à chaque fois des histoires différentes où elle parle de moi), et « Nanao », une comptine italienne que maman me chantait déjà quand j'étais dans son ventre.
Elle chante et doucement je m'endors. C'est trop, trop bien ! Alors oui, pas de problème, je partage les chansons de maman avec toi. Tu verras, tu dormiras bien.
Dis donc, je réalise...Tu as déjà ma chambre, et maintenant la voix de ma maman. Je te gâte quand même ! J'ai pas souvent l'impression d'être gentil avec quelqu'un, alors ça me fait plaisir. Vraiment.
On se retrouve ce soir, après le dîner, pendant le téléphone de maman ? Tu vas dormir comme moi, en l'écoutant, d'accord ?
Alors à tout à l'heure,
Samy

☆

La clé tourne tout doucement dans la serrure. Églantine et Richard pénètrent silencieusement dans la maison. Dans l'entrée, ils retirent leurs chaussures, posent leurs manteaux sur les patères. Richard fait tomber les clés sur le sol.

— Attention ! Chuut ! fait Églantine en levant les yeux vers les chambres. Tout le monde dort.

Le silence revient. Richard ramasse les clés, les dépose sur la tablette de l'entrée. Il est tard. L'appartement est plongé dans le noir.

Pour gagner leur chambre, ils doivent passer devant celle de Mohammed.

— J'allume la lumière du couloir, annonce Richard en chuchotant. Elle n'est pas forte, ça ne devrait réveiller personne.

Églantine s'avance dans le couloir. Un léger bruit lui parvient de la petite pièce sur sa droite. La chambre de Samy. Ou de Mohammed.

— Tu entends ? demande-t-elle à Richard.

— Quoi ?

— On dirait qu'il n'est pas tout seul.

— Mais non. Impossible.

Richard s'arrête. Écoute attentivement.

— Il ne parle pas. On dirait qu'il chante.

— Éteins la lumière pour voir ?

Richard appuie sur le bouton de l'interrupteur. Noir complet. Pas un filet de lumière ne s'échappe de la chambre de Mohammed. Mais on entend clairement des sons. Comme chantés. À voix basse.

— Naaaa-sim. Naaasim. Moooo. Mohhh. Mohammed.

— Mais qu'est-ce qu'il fait? Bizarre, non, qu'il parle dans le noir.

— Il prie peut-être. Allez, on le laisse tranquille, viens te coucher.

Perplexe, Églantine rejoint sa chambre. Cette curieuse mélopée lui rappelle les nuits où Samy donne de la voix. Maintenant que son fils dort loin, c'est leur invité qui a de drôles de nuits. Décidément!

Dans la petite chambre, Mohammed n'a pas entendu leur retour. L'immeuble a la réputation, justifiée, d'être très calme. Ce silence, dans l'appartement, avec Marco qui dort pas loin, les parents sortis dîner, lui a plu. Réfugié dans le lit de Samy, il se sent bien, l'esprit tranquille comme il ne l'a pas éprouvé depuis longtemps. Seul dans le noir, il a d'abord écouté le silence. Et après quelques instants, il a eu envie d'essayer. Sa voix dans la nuit silencieuse. Comme Samy. Mais il préfère chanter les sons. Tout doucement.

Après quelques essais, il s'est senti tout de même un peu ridicule. Il sourit. Sacré petit bonhomme, se dit-il. Mohammed se retourne sur lui-même et s'endort doucement.

☆

Mon petit Samy,
Merci de ta générosité. J'ai bien écouté ta maman, et maintenant que je sais que tu es là aussi, si près, juste à l'autre bout du fil, c'est agréable. Agréable de penser que tu l'écoutes, et qu'elle est toujours présente pour toi, malgré la distance. Et puis maintenant, je sais que quand ta mère ne parle plus mais chante, c'est que tu es bien, que tu t'endors paisiblement.
Dors, petit bonhomme, et laisse-moi te parler. Mais ne te laisse pas atteindre par mes mots ce soir, s'il te plaît. Endors-toi sur la douce voix de ta maman. Je suis en colère. Pardonne-moi de venir vers toi en espérant calmer ce trop-plein d'émotions négatives. Je comprendrais que tu en aies assez de ce que te

raconte le vieil aigri que je suis parfois, ça n'a pas de sens pour toi, mais me confier à toi me fait du bien.
Je suis en colère parce que cela fait des mois que j'attends d'obtenir ce fameux titre de séjour qui m'autorisera, enfin, à voyager, à aller voir mon frère en Allemagne. À travailler, aussi, dès que mon français sera devenu meilleur. J'ai fait des queues interminables à la préfecture, rempli des papiers, réécrit des centaines de fois mon nom, ma date et mon lieu de naissance, fourni d'autres papiers que j'avais réussi à sauver, je suis revenu, encore et encore. Rien n'arrivait.
Et aujourd'hui, après avoir attendu une fois de plus depuis des heures, la personne qui m'accueille lorsque je parviens au guichet qui m'était attribué me dit : « Mohammed X. ? Oui... Tenez. » Elle me tend le précieux sésame. Sans rien demander de plus. Je n'en reviens pas. Je suis sidéré. Enfin ! Après des mois d'attente insupportable, j'ai mon titre de séjour officiel. L'avoir attendu si longtemps et me le voir délivré sans plus de cérémonie me fait quand même un drôle d'effet.
Je me retourne pour m'en aller, soulagé, en lisant en détail chaque inscription de la petite carte. Je ne lis toujours pas bien le français, mais j'ai progressé pour les chiffres. Et je sais identifier et comprendre une date. Et tu sais ce que je découvre ? Que la

validité de ma carte a commencé des semaines plus tôt !
Je reviens sur mes pas pour demander des explications. Quelqu'un au guichet comprenait ma langue. Il a regardé la carte, interrogé sa voisine de bureau et est revenu me dire : « Oui, en effet, ta carte est prête depuis longtemps, ils ne savent pas pourquoi tu ne l'as pas eue plus tôt. Elle devait traîner sous d'autres dossiers. »
Cette carte était là, en attente, tout ce temps, et ils ne me l'avaient pas donnée ! Mais pourquoi ? Pourquoi me faire revenir, encore et encore ? Tant de temps perdu ! Du temps durant lequel j'aurais pu faire tellement mieux : aller voir mon frère seul et malade, chercher du travail, trouver un logement. La colère ne m'a pas encore quitté.
J'espère que tu ne m'en voudras pas. Je ne peux pas te parler plus longtemps ce soir.
Désolé.
Je t'embrasse, merci de m'écouter,
Mohammed

☆

Cher Mohammed,
Je n'aime pas quand tu es comme ça. Tu sais ce qui te ferait du bien ? Un petit coup de *pschittt* spécial blouses roses d'ici...

Tu te souviens, j'avais commencé à te raconter les différentes pièces de l'hôpital ? Y en a une que j'aime pas beaucoup, c'est la salle des infirmières. Celle-là, je l'ai vite repérée, c'est là qu'on nous fait parfois des piqûres, j'essaie de l'éviter autant que je peux. Pas tant pour les piqûres, parce que tu sais, moi, la douleur, je ne la sens pas trop. C'est ça qui est super avec un cerveau un peu lent, c'est que le temps que l'information de la douleur arrive, ben la douleur, elle est déjà partie ! Quand j'étais petit, ça surprenait toujours maman, ça. Une pomme pouvait me tomber sur la tête, je ne disais rien. Un vaccin à faire ? Silence, pas un gémissement, je m'en fichais. Si je râle quand je tombe – je peux te le dire à toi – c'est pas parce que j'ai mal quelque part, c'est parce que j'aime bien qu'on me console après. Se faire consoler alors que tout va bien, je t'assure c'est pas mal du tout ! Très agréable même !
Non, si j'évite la salle des infirmières, c'est parce qu'on est tout coincé là-dedans.
Mais bon, parfois, j'ai pas le choix. Et ce qui est génial, c'est que les autres, même les infirmières, elles savent pas que j'ai pas mal. Alors elles font un truc absolument top, qui fait passer la peur de la promiscuité. Elles me posent sur le visage un drôle de masque qui me fait rire non-stop tout le temps que ça dure. Ça s'appelle du Calinox, rien que le

nom j'adore ! Tu entends ça ? Ils ont inventé un médicament qui enlève la douleur en faisant rire ! Et ça s'appelle comme un gros câlin... franchement, c'est malin.

Même maman a essayé. Un jour elle est arrivée avec une écharde dans le doigt. Une grosse vilaine écharde qui s'était glissée bien loin sous son ongle. L'infirmière l'a repérée et lui a proposé de la retirer avec une pince, parce que ça commençait à être rouge et chaud. J'ai bien vu que maman n'était pas très rassurée. Mais elle s'est laissé faire... disons deux secondes et demie, avant de repousser l'infirmière en retenant son souffle.

– Aïe ! Non, Isa, ça n'ira pas, ça fait vraiment trop mal.

– Et si on lui donnait du Calinox ? a suggéré une de ses collègues.

– Du quoi ? a dit maman.

– Vous allez voir, ça devrait passer tout seul. Venez avec nous.

La salle des infirmières est juste à côté de ma chambre alors j'entends tout. Elles sont parties là-bas, et au bout de quelques secondes, j'ai entendu maman rigoler à s'en étouffer. Elle pouvait plus s'arrêter !

– Vas-y, Isa, opère tous les doigts que tu veux, c'est trop drôle !

Et elle riait, elle riait. Ça a commencé à faire rire les infirmières aussi, et puis les aides-soignants venus voir ce qu'il se passait. Au bout de quelques minutes, on n'entendait plus que des rires dans le service.
– Ah non, ne m'enlevez pas le masque, j'adore ! C'est absolument génial, ce truc !
Tu vois, je te disais qu'on rigole bien ici ! Je sais pas où ça se trouve le Calinox, mais c'est ça qu'il te faut ! Ou un bon séjour à l'hôpital !
Plein de bisous Calinox, ça ira mieux demain et ça ne m'embête pas du tout de t'écouter même quand tu es en colère.
Samy

☆

Cher petit Samy,
L'hôpital que tu décris, j'aimerais qu'il soit ainsi partout.
Il faut que je te dise. Maintenant que j'ai mes papiers, je vais partir quelque temps. Je dois aller en Allemagne rendre visite à mon frère. Je ne t'ai pas encore tout dit à son sujet. Seulement qu'il avait été formidable pendant notre périple pour atteindre l'Europe. Héroïque. Mais il en a peut-être trop fait. Il avait le moral, la foi pour nous deux. C'est lui qui me relevait quand je tombais, me parlait des heures durant pour m'encourager, mangeait peu, me disant

que cela lui suffisait, me donnait sa maigre part pour que je reprenne des forces. Un voyage vraiment très long, et difficile. Et finalement le roc a vacillé. Son corps n'a pas résisté. Juste à la fin. À notre arrivée. Quand nous avons enfin rejoint le camp de réfugiés, on nous a assigné nos places, des matelas. Nasim s'est assis, il a dit « Nous avons réussi ! », et je ne l'ai plus entendu. Il s'est écroulé, j'ai cru qu'il voulait dormir. Je l'ai laissé tranquille un moment. Mais il gardait les yeux ouverts. Et puis j'ai vu qu'il voulait se redresser, mais ne pouvait pas. Son regard aussi n'était plus tout à fait le même. Il est resté ainsi depuis. AVC, accident vasculaire cérébral, m'a-t-on dit. Je ne suis pas certain que tu saches de quoi il s'agit. Son cerveau a souffert. Heureusement, il a été bien pris en charge à l'hôpital, là-bas. Mais aujourd'hui, il ne parle plus, et a besoin d'aide pour tous les gestes quotidiens. Marcher, il ne sait plus non plus. Encore une épreuve. Une de plus. Je dois t'avouer quelque chose, que j'ai eu du mal à admettre : son état me faisait peur, je ne pouvais pas le regarder. Et je m'en voulais. J'avais la coupable impression d'avoir pris tout ce qu'il pouvait me donner durant ce voyage : sa force, sa volonté. Et qu'il ne lui restait plus rien.

C'était trop. Je n'y arrivais pas. C'est aussi pour ça, sans doute, que j'ai levé la main quand on nous a proposé de venir en France. De ce choix, je m'en suis voulu terriblement. Était-ce encore une autre fuite ? Ne l'avais-je pas abandonné ? Le savoir dans cet état, impuissant et diminué, me faisait trop mal. Je n'assumais pas. Et puis je t'ai rencontré. Ce que tu me racontes me fait espérer. Croire qu'il y a une vie possible pour lui aussi. Comme toi, c'était quelqu'un de gai, il était drôle mon frère. De nous deux, c'était moi le bon élève, le sérieux, le raisonnable. Moi le timoré, qui n'osait rien entreprendre. Lui, il était tout le contraire. Et beau en plus. Et maintenant...

Non, excuse-moi. Maintenant que je te connais, je me dis que lui aussi a des chances d'être heureux. Peut-être qu'il aura une vie digne d'être vécue. Tu pourrais me répondre que ce « peut-être » est trop petit, mais c'est déjà ça, je t'assure. Alors je vais y retourner. Aller le voir, voir ce que je peux faire pour lui là-bas. Je ne l'ai pas revu depuis plusieurs mois. Bien trop longtemps. Je pars et c'est grâce à toi.

Dans deux jours. J'ai trouvé un car qui fait le trajet. Du coup, je ne vais plus pouvoir te parler pendant quelques jours. Mais attends-moi, je reviens.

J'ai retrouvé la force et c'est à toi que je le dois.

Je t'embrasse, cher petit Samy,

Mohammed

☆

— Ici, ici ! Y a une place, maman !

En effet, une place « handicapés » est disponible.

— Ahhh ! Enfin ! Je n'en pouvais plus de tourner en rond comme ça.

Aujourd'hui, tout le monde a embarqué dans la grande voiture familiale. Une voiture sept places, qui ne sert jamais. Sauf quand Samy est là. Et qui reste donc garée au même endroit durant des semaines, dehors, prenant la poussière. Ce que fait remarquer Marco à chacune de ses rares sorties.

— Beurk ! Elle a pas embelli depuis la dernière fois.

— Faudrait penser à la déplacer pour éviter de la laisser sous les arbres. Et sous les pigeons, ajoute Richard en sortant son mouchoir afin d'essuyer une fiente venue se déposer sur la poignée de la portière.

— En revenant, on la garera mieux.

En cet après-midi de dimanche, la famille a décidé d'aller se promener sur les Champs-Élysées pour admirer les nombreuses décorations lumineuses de Noël. À l'arrière de la voiture, Marco, Marie, sa copine Rose, et Samy.

Églantine termine son créneau. Au moment où elle tourne la clé de contact pour éteindre le moteur, quatre voix clament à l'unisson :

— Merci Samy !!!!

— Tu peux déjà apprendre la phrase par cœur, dit Marie à Rose. Tu vas voir, une sortie avec Samy, c'est pas banal, mais c'est génial quand il va bien. Il est hyper pratique, cet enfant !

Regard interrogateur de Rose.

Samy, lui, a entendu son nom, mais semble la tête ailleurs. Il ne réagit pas. Lui, ce qu'il saisit à cet instant, c'est que le tour en voiture est terminé. Déjà. Il aime tellement ça, le doux ronron de la voiture, l'espace clos et rassurant de l'habitacle. Jamais pressé d'en sortir. Et puis, que va-t-il se passer après ? Est-ce que quelqu'un le lui a clairement expliqué ? Comme d'habitude, on l'a habillé, chaussé, on lui a dit : « On va se promener, Samy ! Voiture ! » Ce mot qu'il aime tant l'a fait se précipiter dehors, à la recherche du véhicule. Une fois embarqué et bien attaché, il s'est laissé aller à la douce torpeur que lui procure la promenade.

Mais après ? Qui s'est souvenu de sa mauvaise vue ? De ce sentiment d'angoisse qui le saisit quand il est jeté dans l'inconnu, qu'il ne peut pas prendre le temps d'appréhender ? Qui a pensé que le bruit, trop de bruit, l'empêcherait de se concentrer pour comprendre la situation, ce qu'il fallait faire ? Ah si. Églantine a prévu le casque pour lui boucher les oreilles. Marie lui présente sa poule, ce doudou qui l'accompagne partout. Et Richard se dépêche de sortir du coffre la grande poussette, afin qu'il la voie, et soit rassuré. Si la poussette est là, on ne va pas lui demander de marcher là où il ne voit pas bien. Pas de risque de tomber, de se fatiguer, de devoir attendre debout. La poussette, c'est comme des bras qui entourent et enveloppent Samy.

Maintenant, c'est Marco qui lui tend la main pour l'aider à sortir de son siège passager avant de s'installer dans la poussette. Comme le lui a appris leur mère, il se contente de donner la consigne une seule et unique fois, en joignant le geste à la parole, « Viens, Samy », et il attend. Que Samy décode, comprenne et se décide à sortir en s'appuyant sur cette main tendue. S'il répète, c'est comme s'il lui donnait une seconde consigne avant de lui laisser le temps de décoder la première. Dans son cerveau, il faut tout recommencer de zéro. Alors Marco patiente.

Aujourd'hui est un jour facile. Samy comprend en quelques secondes. Il attrape la main de son frère, descend du véhicule. Et s'appuie lourdement sur

Marco, histoire de lui faire comprendre qu'il n'a pas l'intention de faire le moindre effort.

— Hé ! Tu abuses, attention ! s'exclame Marco, qui manque de tomber sous le poids de son petit frère. Vite, la poussette, s'il vous plaît !

— Ben, elle est là, juste derrière toi…

Samy aussi l'a repérée. Il lâche la main de Marco et tente de s'asseoir. À sa manière.

— T'es mal parti Samy. Ça t'arrive jamais de regarder ce que tu fais ?

En effet, la manœuvre est laborieuse. Samy regarde le ciel. Porte une main à la bouche. De l'autre, il tente de sentir la poussette, d'en appréhender la position. Il cherche à s'asseoir, mais penche le corps en avant, face à la poussette.

— Mais non, retourne-toi ! M'enfin, tu peux pas y arriver comme ça !

Samy a levé un pied. Avec sa main libre, il cherche de nouveau un appui, le regard toujours vers le ciel. Le bras de son frère tombe à pic. Marco, pour l'aider à se remettre dans le bon sens, lui attrape l'autre main, toute mouillée de salive.

— Pouaah ! Samy, c'est dégoûtant.

— Allez, c'est pas grave, j'ai des mouchoirs pour t'essuyer, lui répond Églantine, sans dire que ce qui l'inquiète vraiment, c'est ce pied qui se tord de plus en plus.

Avec l'aide de son frère, qui le pousse à se retourner sur lui-même, Samy se laisse enfin tomber lourdement sur l'assise de la poussette. Il ne reste plus qu'à soulever ses pieds, dont l'un est resté bloqué derrière le marchepied, et à les positionner.

Cela ne sert pas à grand-chose : ce que Samy préfère, c'est laisser traîner ce pied sur le sol. Régulièrement, le pied bloque la poussette, qui stoppe tout le monde dans son élan. Et manque de faire tomber Samy, qu'on ne peut plus attacher depuis longtemps. La sangle ne tient plus. Mais rien à faire, on a beau remettre le pied en place, Samy, qui aime décidément beaucoup contrarier son entourage, recommence le même manège.

— Bon on y va? On commence par quoi? dit Richard.

— Le train express!

Cette année, une petite fête foraine a installé ses manèges le long de l'avenue.

— Mais ça va hyper vite!

— Ben justement, c'est ça qui est fun. Et puis Samy, il aime bien la vitesse.

— OK, on tente le coup… Samy, regarde bien. Ce que tu vois là-bas c'est un train. Un faux. C'est pour s'amuser. On va monter dedans tous ensemble, et ça va aller vite. Ça sera très rigolo.

— Mais y a du monde quand même... Beaucoup, tente Rose.

— T'inquiète pas, Rose, avec Samy, y a jamais de queue !

Églantine passe devant. Elle a l'habitude. Au début, ça l'embarrassait, maintenant elle sait faire. Elle dépasse la longue file d'attente qui s'est déjà formée et s'approche du jeune homme qui organise l'entrée.

— Bonjour, monsieur. Excusez-moi, je suis avec un enfant handicapé. Est-ce que nous pouvons passer rapidement ?

— Oui, bien sûr. Dites à votre famille de s'approcher. Au prochain train, je vous fais monter. Mais vous êtes sûre que votre enfant peut le faire sans problème ?

— Oui, oui. La seule chose qui sera difficile, c'est l'attente. Peut-être que si on peut le faire monter au dernier moment, juste avant que ça démarre, quand vous êtes prêt...

— Ça me semble impossible, j'ai besoin de vérifier que tout le monde est bien attaché avant que le train parte.

— OK, je vais faire au mieux alors pour le faire patienter. Juste une chose : au cas où... si jamais ça se passe mal pendant le tour, on peut demander à descendre ?

— Ouh là, non ! Je ne peux pas arrêter le manège en cours de route. Mais ça ne dure que deux minutes.

— OK, on se débrouillera. Merci !

Églantine fait signe à sa petite troupe de s'avancer. Une fois le train à l'arrêt et tous les passagers descendus du tour précédent, elle installe Samy et s'assoit à ses côtés. À peine installé, il commence à manifester son incompréhension. Se frappe un peu le visage.

— Doucement, mon amour. Attends encore un tout petit peu. Tu vas voir, ça va démarrer, et je suis sûre que tu vas aimer.

Elle le fait patienter comme elle peut. Le maintient plaqué à son siège lorsqu'il tente de se relever. Les autres passagers regardent la scène, à la fois inquiets et mal à l'aise. Elle-même n'en mène pas large, se demandant si elle a bien fait.

— Ça y est, ça bouge ! la rassure Richard.

En effet, le train se remet lentement en branle. Ce qui a pour effet de calmer illico Samy, qui se rassied et, attentif, concentre toute son attention sur ses sensations. Le train accélère. Puis prend les premiers virages. Samy sent l'air frais sur son visage, la vitesse. Il commence à battre des mains sur les côtés. Avant de se mettre à crier franchement son plaisir.

— Nénénénénénéné !!! Yiiiiiiiiiiiii !!!

Il hurle de plus belle.

— Tu es sûre qu'il ne faut pas le sortir ? demande Rose, inquiète.

Qui, au vu de la tête des autres passagers, n'est pas la seule à se poser la question.

— Tu parles, il est fou de joie oui ! Allez, on profite, comme lui !

Et Marie hurle de concert avec Samy. Marco s'y met à son tour. Puis Églantine et Richard. Les passants doivent se demander quelle est cette joyeuse bande de fous à la tête du petit train qui file sur ses rails. Samy aspire l'air, ouvre grand les yeux, bat des mains, excité, heureux, remuant la tête dans tous les sens.

À la fin du tour de manège, au moment où le train stoppe brutalement, surpris, il lance son dos contre son dossier, comme si son mouvement pouvait faire repartir le train.

— C'est fini, Samy. C'était chouette, hein ? Allez, il faut descendre.

Églantine, aidée de Richard, doit forcer Samy à s'extirper de son siège.

Quand, enfin, il est à nouveau dans sa poussette, la famille forme une ronde autour de lui.

— 1, 2, 3… Qu'est-ce qu'on dit ? lance Églantine.

Et d'une seule et même voix :

— Merci Samyyyyyy !

Rose reprend :

— Oui, merci Samy ! C'était cool de passer aussi vite.

— Si tu veux, on te le loue. Hyper pratique pour aller où tu veux, en fait.

— Et si on allait à la tour Eiffel ? C'est toujours impossible, tellement y a de monde.

— La tour Eiffel ? J'ai jamais pu y monter, mes parents renoncent toujours à cause de la queue.

— Ben, y a qu'à demander à Samy ! Samy, t'es partant ?

Alors que tous le regardent, comme s'il allait répondre, Samy, lui, est occupé à se balancer contre son dossier, pour faire comprendre qu'il est temps de reprendre le mouvement.

— Tu vois, ça, ça veut dire banco. On y va !

— Vous êtes sûrs ?

— Certains, répond Richard en rigolant. De toute façon, du moment que ça bouge, ou que ça roule, Samy est content. Il ne reste qu'une seule chose à dire… ?

— J'ai compris ! Merci Samyyyy !

☆

Bonjour Mohammed !

Je sais, tu n'es pas là, mais je te parle quand même. Tu sais quoi ? Depuis que tu es parti, moi, je suis à la maison ! Eh oui, maman s'est dit que puisque la chambre est libre, et que c'est bientôt Noël, il fallait

me faire revenir quelques jours. Ne t'inquiète pas, je ne resterai pas longtemps.
Dis donc, elle a un peu changé ma chambre ! Maman a essayé de cacher tes affaires, pour que je ne voie pas le changement, elle sait que ça me perturbe, mais moi j'ai bien vu quand même : tes chemises qui dépassent du tiroir, le sac en plastique avec ta brosse à dents sur la table de chevet (elle est délicieuse d'ailleurs, elle râpe encore plus la joue que celles que maman m'a laissées), et des tas de papiers, posés en haut de l'armoire. Mais ça va, comme c'est toi, je me suis habitué tout de suite, je n'ai pas été surpris. Et puis c'était gentil de ta part de me laisser ta brosse à dents. À moins que tu l'aies oubliée ? Tant pis pour toi… Et tant mieux pour moi !
Au fait, tu comprends quelque chose à Noël, toi ?
Noël, je ne sais pas vraiment ce que c'est, et pour te dire vraiment, je déteste cette fête. Quand toute la famille est rassemblée, chez mes grands-parents, ça fait vingt-cinq personnes. Tu imagines un peu ? Mes cousins qui courent partout, rient fort, les adultes qui parlent encore plus fort pour se faire entendre, tous ensemble autour de la table, c'est à qui fera le plus de bruit, c'est épouvantable. Et puis avec tout ce monde, il n'y a pas un endroit tranquille pour s'isoler. Les chambres sont pleines, il y a des matelas au sol, les salles de bains sont toujours occupées.

La seule pièce un peu calme, c'est ma chambre, que Papoun a installée tout au bout d'un couloir. Les autres n'ont pas le droit de m'y déranger sans l'autorisation de maman, ça, c'est super, mais on m'oblige à en sortir pour les repas, ou les promenades. Et, de ma chambre à la cuisine, j'ai le temps de croiser au moins cinq ou six personnes. Vraiment c'est trop. Je ne comprends pas comment vous faites. Moi, j'ai besoin de prendre mon temps, une personne à la fois. Mais ils passent, les uns et les autres, et je n'ai même pas le temps de voir qui c'est. Peut-être qu'ils me disent quelque chose, je ne sais pas, c'est pas possible de voir et d'entendre en même temps ! Je commence à peine à comprendre qui est ce premier cousin que j'ai croisé dans le couloir qu'un autre apparaît, puis encore un autre et hop, ils ont disparu et c'est un quatrième qui entre dans mon champ de vision. Alors qu'on est en train de me servir une assiette à table. Qu'il faut aussi que j'identifie. Tout ça, c'est vraiment trop fatigant. Et puis, tout le monde me parle en même temps, je m'en sors pas.

Tu comprends, moi, je vois tout en détail. Point par point. Et je reçois toutes les informations en même temps. Les sons, les images, les odeurs, les sensations. Ça arrive vite, très très vite dans ma tête, et si je reçois une nouvelle information alors que je n'ai pas décodé la première, je m'embrouille. Ça m'énerve. Et je crie. Et parfois, ça m'angoisse de ne pas comprendre, et j'ai peur, alors je panique. Pour bien faire comprendre que je déteste ça, je me frappe. Ou alors, d'épuisement, j'abandonne. Je ferme les écoutilles. Tous les canaux de réception. Il n'y a plus personne. C'est assez déconcertant pour les autres. Heureusement, maman a compris. Ça lui a pris des années, mais elle sait maintenant. Alors elle préfère m'emmener voir mes grands-parents quand il n'y a pas grand monde là-bas. Ou me faire venir dans notre appartement à Paris. Dans les deux cas, je suis chouchouté : chez mes grands-parents, je fais tout ce que je veux, on me laisse dormir aussi longtemps que j'en ai envie, Mamoun me fait les meilleurs gâteaux au chocolat du monde et Papoun me balade en voiture dès que j'en manifeste l'envie. Si je veux prendre cinq bains dans la journée, je n'ai qu'à demander. Pareil pour les promenades dehors. Je prends la main de Mabel, mon éducatrice préférée, elle m'accompagne toujours dans ma famille, je l'emmène à la porte et on va se promener des heures dans la campagne. Un vrai coq en pâte.

À Paris, c'est pareil. J'ai ma chambre que j'aime, et tout le monde à mes petits soins. Maman sait ce que j'apprécie plus que tout : les balades dehors, à la nuit tombée, surtout pendant les fêtes de fin d'année.

Tu verras quand tu rentreras d'Allemagne, c'est magique ! On marche en se tenant la main, maman garde son autre main posée derrière mon dos, ça me fait toujours du bien, c'est rassurant un appui sur le dos, je marche mieux comme ça, et on se promène en regardant toutes les jolies petites lumières de toutes les couleurs. Partout : accrochées sur les balcons, dans les vitrines des magasins, ça pétille, ça brille de tous les côtés. Qu'est-ce que c'est beau ! Des fois, c'est plus fort que moi, je ne peux pas m'empêcher de lâcher la main de maman, pour faire semblant de m'envoler. J'agite mes deux bras à toute vitesse de plus en plus fort, et je pousse des cris de joie. Le plaisir au maximum.
Il faut que tu voies ça ! Rentre vite avant que Noël soit terminé…
J'espère que ton frère est content que tu sois avec lui.
Je t'embrasse,
Samy

☆

C'est la fin de l'après-midi. Sido, la marraine de Marco, et son mari Fabrice, sont venus passer la journée à la maison. Son filleul a insisté pour les garder à dîner et s'est enfermé dans la cuisine avec Marie. Ils s'occupent du dessert, ont-ils dit. Ils ont fermé la porte, interdiction générale de pénétrer dans la petite pièce. Les adultes devisent dans le salon, Samy, lui, s'est endormi. On a laissé la porte de sa chambre ouverte, il pourra rejoindre le salon dès qu'il sera réveillé.

— Et si on sortait prendre un peu l'air ? propose soudainement Églantine, que la torpeur de l'après-midi commence à envahir.

— Bonne idée ! répond Sido. On peut confier Samy aux enfants ?

— Pas la peine, il dort. Et moi je continuerais bien à glander ici, intervient Richard.

— Je reste aussi, ajoute Fabrice.

Les filles sortent donc, ravies de l'opportunité. Elles ne se sont pas vues depuis plusieurs semaines, et ce tête-à-tête improvisé les enchante.

Et puis, après plusieurs jours à s'occuper de Samy, Églantine commence à fatiguer, et chaque occasion de laisser un peu son fils aux autres est bonne à prendre. C'est qu'il grandit, le jeune Samy ! Il met les muscles de sa mère, ses épaules, son dos, à rude épreuve. Et ce chanteur né continue de faire ses vocalises nocturnes. Églantine a beau savoir qu'il chante, qu'il ne se frappe pas forcément toutes les nuits, comme quand il était petit, au moindre son provenant de la chambre de son fils, elle s'éveille en sursaut, et reste aux aguets, prête à intervenir au plus petit changement de tonalité. Elle espère qu'il ne réveillera personne, et s'attend à tout moment à entendre son fils hurler. De stress, de douleur, ou d'impatience, tout simplement. Alors elle dort peu. Et bâille comme une carpe à la plus légère baisse d'ambiance.

Dehors, l'air est frais, les rues sont tranquilles en ce milieu de journée, nombre de Parisiens sont déjà partis pour les fêtes.

Pendant que les filles papotent en marchant tranquillement dans les quelques rues quasiment piétonnes du quartier, à la maison, tout est calme.

Marco et Marie ont fini de faire cuire leur gâteau au chocolat « ultra-fondant », et l'ont laissé refroidir sur la table de la cuisine. Dont ils ont oublié de refermer la porte. Ils sont remontés dans leurs chambres.

Richard et Fabrice ont fini par s'activer, et sont aussi allés à l'étage. Richard a posé de nouveaux cadres photos sur les murs, de vieilles photos chinées, des industries du début du XXe siècle, des usines désaffectées, comme il les affectionne, et veut les montrer à son ami.

Au rez-de-chaussée, Samy est donc seul. Et réveillé. Depuis deux minutes à peine. Mais ça, personne ne le sait.

Les yeux à peine ouverts, il a senti une odeur. Une odeur qu'il connaît bien. Et qu'il adore. Sa mère et lui ont en commun une passion pour le chocolat. Samy respire avec bonheur le délicieux parfum qui s'est glissé jusqu'à sa chambre. Il se redresse et s'assied sur son lit. Respire encore. Plus fort. Il faut qu'il se lève. Qu'il aille jusqu'à cette odeur. Debout, les pieds nus, il ne fait aucun bruit. Sa porte est déjà ouverte, il la franchit donc sans l'habituel grincement qu'elle produit quand on la pousse. Quelques pas plus loin, l'odeur se fait insistante. Oui, c'est bien de la cuisine qu'elle provient. Là aussi la porte a été laissée ouverte. Samy ne voit pas très bien, personne n'était là pour lui reposer ses lunettes sur le nez, alors il avance encore, à tâtons. Justement, cette forme foncée, là, au milieu de la table, n'est-ce-pas de là que vient le parfum de chocolat? Si! Il ne s'est pas trompé. Il court : deux petits pas, à toute vitesse. Et le gâteau est à sa portée. Il ne résiste pas et plonge les deux mains dedans. Il referme les poings, en faisant bien attention à ce que chacun soit rempli, les retire du gâteau, et les fourre l'un après l'autre dans sa bouche. Il recommence. Deux fois. Trois fois. C'est divin. Le gâteau est à présent complètement écrasé. Il se met à battre les mains sur les côtés, manifestant pour lui-même son plaisir. De gros morceaux de chocolat s'en échappent et viennent s'écraser sur le sol, quelques miettes atterrissent sur les murs. Rassasié, il repart vers sa chambre. Il a l'intention de retourner s'asseoir sur son lit. Il prend appui sur une chaise, y laisse une jolie trace noire, et avance. Dans le salon, il agite encore ses mains. Et sa joie laisse quelques nouvelles marques noires sur la petite commode près du canapé. Il poursuit son chemin, passe devant la bibliothèque, sur laquelle il a besoin de s'appuyer une seconde, manquant de perdre l'équilibre à force de s'envoler. Une petite main noire se dessine alors sur le bois de la première étagère. Sa chambre n'est plus qu'à un mètre. Pour assurer ses pas, il vaut mieux qu'il laisse glisser sa main gauche le long du mur, comme ça, plus aucun risque de tomber. Une main pleine de chocolat.

Il est arrivé. Pose les deux mains à plat sur le drap, et se hisse sur le matelas. Une fois bien assis, il appuie sa main droite sur la bouche et se laisse aller au plaisir d'entendre les sons qui en sortent, régulièrement bouchés par sa main, qui fait des va-et-vient.

— Bah ! Bbb ! Ba ! Bbb !

C'est le moment que choisissent Sido et Églantine pour rentrer. À peine la porte refermée derrière elles, elles entendent Samy.

— Eh bien on dirait qu'il est réveillé, notre Samy !

— Et de très bonne humeur apparemment !

Alors qu'elles pénètrent dans le salon et avancent vers la chambre de Samy, le spectacle d'une longue traînée noire sur le mur blanc les stupéfie.

— Mais ? Qu'est-ce que c'est que…

Églantine court vers la chambre.

Et découvre Samy, tout sourire, tout barbouillé de chocolat. Le lit est maculé de taches sombres. Ses mains sont noires.

— Oh non ! Samy, ne me dis pas que tu as… ?

— Il n'a pas recommencé quand même ? fait Sido, qui a surgi derrière la porte, et n'ose pas entrer.

Elle sait très bien à quoi pense son amie.

Rapide comme l'éclair, Églantine allonge son fils, lui maintient les mains en l'air, par les poignets, évitant de le toucher davantage, le fait basculer sur le côté et approche son nez de son derrière. Elle hume la couche de Samy.

— Beurk ! s'exclame Sido.

— Bizarre… la couche est propre. J'ai cru qu'il avait encore mis les mains dedans. Ouf ! OK, cool, Samy. Merci, ce n'est pas ça.

Rassurée, elle ose enfin lui prendre les mains qu'elle approche également de son nez.

— Du chocolat ! C'est du chocolat ! Tu penses ce que je pense ?

— Aïe… les enfants ! Samy, fais gaffe : quand ton frère va voir ce que tu as fait de son dessert… ! répond Sido, faussement menaçante.

Il fallut déshabiller Samy, le mettre sous la douche. Plaisir supplémentaire pour le petit chenapan. Laver murs, chaises, draps, bibliothèque. Et rappeler à tous que Samy ne doit jamais, mais alors jamais, rester sans surveillance une seule minute.

☆

Coucou Mohammed,

Je passe de super vacances. Tout le monde est très gentil avec moi, et on m'offre tout ce que j'aime : des gaufres au chocolat, des yaourts à la crème de marron, aux fruits, des biscuits. Maman a acheté sur un site Internet une baignoire gonflable, rien que pour moi, étroite, toute en hauteur, qui entre dans la douche. Une fois dedans, je peux rester des heures à jouer avec l'eau. Mais Marco l'aime bien aussi, alors des fois, il faut que je lui laisse la place. Et avec Marco, je fais attention. C'est le seul qui ne me cède pas tout. Il lui arrive d'être très fâché contre moi, il me gronde, il fait les gros yeux, ouh là là, ce n'est pas marrant du tout. Comme le jour où j'ai mangé le gros gâteau au chocolat. Peut-être qu'il en voulait aussi ? Pourtant, je suis presque sûr de ne pas avoir tout mangé. Je n'ai vraiment pas compris pourquoi il est venu dans ma chambre furieux. Mais bon, c'est passé, depuis, il fait bien attention à moi. Ce qui est amusant avec lui, c'est qu'on aime les mêmes jeux. Enfin certains. Y a un truc qui nous plaît beaucoup à tous les deux, c'est quand maman nous écrase. Si, si, c'est génial ! Bon, dit comme ça, ça fait un peu bizarre, mais maman, elle est un peu dingue et ça, nous, on aime bien.

C'est Marco qui a commencé. Un jour, ils jouaient avec maman à se lancer les coussins du salon sur la tête. De ma chambre, je les entendais rire comme des fous tous les deux. Et puis à un moment, Marco a dit :

– Attends, maman, on fait un truc ! Je m'allonge sur le canapé, et toi, tu viens m'écraser avec le coussin !

– N'importe quoi ! a répondu maman.

Mais je la connais, elle est facile à convaincre, même pour les trucs les plus bizarres.
– Mais si ! J'adore quand tu me serres très très fort, là ce sera pareil, en plus drôle.
– D'accord, a-t-elle fait. Mais alors, cher monsieur, préparez-vous, ça va dépoter !
Marco s'est allongé. Maman a reculé, assez loin. Elle tenait un énorme coussin contre son ventre. Et là, elle a dit :
– Prêt ? 1... 2...
Elle a commencé à bouger les pieds, comme si elle courait mais sans bouger de sa place, et à 3 ! elle s'est élancée d'un coup vers Marco, qui riait déjà, et a sauté sur lui. Le coussin est venu s'écraser sur Marco, maman dessus, elle faisait semblant d'appuyer très fort, et ils rigolaient encore plus fort tous les deux.
Ça m'a fait rire aussi. Et ils m'ont entendu.
– Maman, tu entends, Samy rigole aussi ! C'est trop fort ! Et si on lui faisait la même chose ?
– OK, c'est parti !
– Samyyyy... a fait maman en prenant une grosse voix. Je vais te faire un câlin énooooorme !
J'ai regardé ailleurs, mais j'ai légèrement souri. Elle a compris. Marco, lui, a cru bon de m'expliquer :
– Fais gaffe, Samy. Elle est lourde maman !
– Oh, dis donc, toi ! a réagi maman, l'air indignée.

– Ben, disons que le coussin, il est très lourd, a souri Marco.
Moi, je n'ai rien dit. J'ai tapé mon dos deux fois contre les boudins de mon lit, j'ai rebondi et je me suis contenté de m'allonger.
– Mais quelle insolence tous les deux ! Je vais vous apprendre à respecter votre mère. Attention, Samyyyyyyy.... J'arrive !
Elle a compté jusqu'à trois et s'est jetée sur moi. Comme pour Marco. J'étais écrasé, bien serré. Ça m'a fait comme quand on me met mon corset, celui qui m'empêche de me tordre encore plus le dos, mais en beaucoup mieux. C'était super cette impression d'être serré serré de partout. Tout écrasé contre maman, je sentais bien mes bras, mon ventre, mes jambes, leur contour, c'était presque rassurant en fait. Ça faisait du bien. En plus, maman et Marco riaient. J'étais tellement bien que je me suis mis à rire aussi. Les rires sont plus souvent bien cachés à l'intérieur de moi, alors quand ils sortent ça surprend toujours. Moi comme les autres. Maman s'est relevée et elle a dit :
– Encore, Samy ?
Pour lui faire comprendre que j'étais super partant, je n'ai plus bougé, et je regardais vers elle. Elle a de nouveau foncé sur moi, avec le coussin. Et là, comme je savais ce qui allait m'arriver, je me suis

préparé au choc de son atterrissage sur moi, je frissonnais d'attente, c'était excitant ! Et boum, elle était sur moi, m'enveloppant de tout son corps. Vraiment on s'est bien amusés, moi je veux qu'elle recommence souvent ! En plus, elle en profite pour me faire des petits bisous dans le cou ; au moment où elle atterrit, elle plonge le nez dans mon cou et *smack*, elle m'embrasse.

Vraiment, c'est des chouettes vacances. La seule chose qu'on essaie de m'interdire, c'est de mettre mes mains partout. Je ne comprends pas pourquoi, c'est pourtant bien pratique. Et c'est fait pour ça les mains, non ? À table, on me met la cuillère dans la main, pour manger ma purée et mes yaourts. Je sais que c'est ce qu'ils veulent, mais dès qu'ils ne regardent pas, moi je prends la purée avec les doigts. C'est tout doux, tout tiède, et c'est bien meilleur. Quand même, le goût métallique de la cuillère, je ne comprends pas... C'est pas bon, ça change un peu le goût de mon plat préféré et c'est froid. Alors que ma main, elle est tiède aussi. Et quand je la mets dans ma bouche, j'ai deux fois plus de plaisir : celui de la purée, et de ma langue qui caresse ma main. Vraiment, je persiste, c'est bien meilleur. T'es pas d'accord ?

Bisous

☆

Cher petit Samy,

Ta chambre est différente depuis que je suis rentré. Je sens ton empreinte, et même ton odeur. Une petite chaleur en plus, un peu comme la première fois que tu es venu me parler, et une odeur d'enfant ensommeillé. Comme celle qui imprégnait la chambre de mon petit cousin de dix ans en Irak. Je me souviens très bien de son odeur. Subtil mélange de lait, de chaud et de sueur.

Ton passage a ramené un peu de ma famille. Penser à Kia, ce petit cousin que je n'ai pas revu depuis si longtemps, m'a ensuite fait penser à ma tante. Et après, toute la famille est venue à mon esprit. Chacun de ses membres, les uns après les autres. Des images de moments que nous avons vécus ensemble, des souvenirs joyeux, des moments que je croyais avoir oubliés, que je voulais oublier peut-être. Pendant quelques instants, ils étaient tous là, dans ta chambre. Et aujourd'hui, je réalise que penser à eux ne m'attriste plus. Au contraire. Je respire ton odeur, celle de mon petit cousin, j'ai encore dans la tête les images de mon frère, avec qui je viens de passer quelques jours, et je me sens bien. En tout cas mieux. Mon frère semble ne pas aller trop mal. Je ne crois pas qu'il souffre. Il ne parle pas encore, mais il a légèrement souri quand il m'a vu entrer dans sa chambre d'hôpital. Ce sourire si frêle, c'est parce que son accident ne lui a pas encore permis de retrouver l'usage de tous ses muscles. Et pour sourire, il en faut, des muscles. Mais son sourire m'a fait bien plaisir. Je crois qu'il ne m'en veut pas d'être parti en France.

D'après les médecins, il récupère. Ce sera long, mais il va continuer de progresser. Il faut être patient.

Pendant ces journées à ses côtés, je lui ai raconté ma nouvelle vie. Et je lui ai aussi parlé de toi. Ne t'inquiète pas, je n'ai pas brisé notre secret. Je ne pense pas qu'il ait compris. Difficile de lui expliquer pourquoi tu n'es pas dans cette maison dans laquelle je vis, pourquoi je ne t'ai jamais rencontré, et pourquoi tu es la personne de la famille que je connais le mieux, omniprésent malgré tout. Comment expliquer que nos échanges me font tant de bien ? Que tes sourires, que je peux entendre, tes réponses, me désarment autant qu'ils m'apaisent ? J'ai essayé de lui dire que je pouvais te parler facilement, bien plus qu'à quiconque. Je le connais mon grand frère, s'il avait compris, il m'aurait dit : « Mais enfin, ce n'est qu'un enfant ! Pourquoi lui racontes-tu tout ça ? »

Et tu vois, moi, je lui aurais répondu : « Cet enfant est mon meilleur ami. Mon égal. »

Mais je crois avoir réussi à lui dire quel étrange petit bonhomme tu es, avec ton humour, ta joie de vivre et ton sacré caractère. Malgré ton handicap. J'espère qu'il aura ta force. Je lui ai promis de revenir aussi vite que possible, en attendant de pouvoir, un jour, le ramener ici avec moi.

Tu as raison, c'est joli, Noël chez toi. Pour moi, Noël n'est pas une fête non plus, je ne suis pas chrétien. Mais, si jusqu'ici je ne m'y intéressais pas, je dois t'avouer qu'à mon retour à Paris, ces rues et ces avenues illuminées m'ont beaucoup plu. C'est bien plus gai, et cette ambiance joyeuse n'est pas pour me déplaire. Au contraire. Ça atténue la tristesse d'avoir laissé mon frère en Allemagne. Et puis tes parents m'ont attendu pour décorer le sapin. Je ne l'avais jamais fait, le sapin n'a rien à voir avec ma religion. J'étais un peu ennuyé qu'on m'ait attendu, mais en fait, je crois que tes parents l'ont fait exprès pour resserrer les liens entre nous. Pour me faire participer un peu plus à la vie familiale. Et c'est vrai que faire ça tous ensemble était très agréable. C'était cet après-midi. Après le déjeuner, ton frère a préparé un plateau de thé, des biscuits, pendant que ta mère sortait des cartons. Marie a mis de la musique. Et Richard m'a demandé mon aide pour déballer un immense sapin en plastique. Ça m'a surpris, j'en avais vu tellement en vente dans les rues, dehors. Des vrais. Ton frère a essayé de m'expliquer quelque chose lié à la santé de la planète (je suppose, parce qu'il m'a montré le globe que vous avez dans l'entrée, et dessiné une croix rouge dessus), je n'ai pas bien saisi le rapport. Soit. Il a fallu monter cet étrange sapin en kit. Je ne savais pas comment m'y prendre, mais visiblement le sapin n'est pas tout neuf, ta famille a l'habitude. En moins de vingt minutes, nous avions un arbre magnifique, plus vrai que nature, qui touchait le plafond. Impressionnant. Ensuite, nous nous sommes amusés à le décorer. J'ai beaucoup aimé ce moment. Il nous a permis d'être ensemble sans être obligés de se faire la conversation. Ce qui est vraiment trop difficile pour moi, dans votre langue. Au fait, je dois te demander : je n'y connais pas grand-chose, mais c'est courant de mettre des peluches dans le sapin ? Et des tas d'autres jouets ? Je n'en ai pas vu dehors sur

les sapins des avenues. Ici, en plus des boules rouges, dorées, des quelques bonbons... il y a des petits singes, un lapin et un chien ! Vraiment particulier. Au début, je montrais les boules pour obtenir l'approbation avant de les poser, et tes parents m'ont fait comprendre que chacun faisait ce qu'il voulait. Le résultat est assez hétéroclite, mais plaisant au final. C'était un joli moment.
Tu aimes faire le sapin, toi ?
Je t'embrasse, petit Samy,
Mohammed

☆

Coucou Mohammed !
Ça me fait très plaisir que ton frère aille mieux. Tu vois, tu as eu raison d'aller le voir !
Oui, chez nous, le sapin se décore avec tout ce dont on a envie. Je ne l'ai jamais fait moi, je ne saurais pas accrocher les petites ficelles aux branches, mais j'ai souvent regardé les autres et j'aime bien ce que mes cousins, oncles et tantes y mettent. Il y a longtemps, maman accrochait même du chocolat aux branches, mais elle a renoncé à cause de moi. Dès que je passais à côté, j'attrapais ce que je pouvais, et hop, je l'enfournais. Le hic, c'est que je ne prends pas le temps de retirer l'emballage. Et maman ne semble pas d'accord avec ça. Alors que moi, l'emballage ou le

chocolat, là, tout de suite, quand j'ai envie je ne fais pas la différence. Ça brille, c'est joli, c'est donc sûrement bon aussi dans la bouche, non ? Bon, c'est vrai que parfois, je sens des trucs bizarres et moins faciles à avaler. Mais bon, ça ne me dérange pas. Maman, si ! À chaque fois, elle se précipite sur moi, m'oblige à ouvrir la bouche et y plonge ses doigts pour récupérer ce que j'y ai mis. Je ne me laisse pas faire ! Je résiste ! Tant que je peux... mais elle est aussi têtue que moi, maman. Et plus forte aussi.

Alors elle a renoncé au chocolat dans le sapin quand je suis là. De toute façon, comme ce sapin prend trop de place dans l'appartement, maintenant, elle ne l'installe qu'une fois que je suis parti. Il est si imposant que j'avais du mal à le contourner, il me bloquait le passage, c'était pénible. Je ne suis pas toujours à l'aise avec mon corps dans les déplacements. Il faut que ce soit direct et sans obstacles.

Je préfère le sapin de mes grands-parents, dans leur immense salon dédié aux fêtes familiales. Comme j'y vais après ou avant l'arrivée de la famille au complet, j'en profite. Mamoun, elle, n'y met pas de chocolats, mais des boules tellement grosses et belles que je les attrape quand même. Pour le plaisir de les sentir dans mes mains, et sur ma langue. On ne sait jamais, je finirai peut-être par tomber sur une boule qui se mange...

Bon, j'en ai cassé quelques-unes, alors elle me surveille de près quand même. Et elle met les boules auxquelles elle tient le plus en hauteur. Mais tu sais quoi ? J'ai découvert un truc super chouette : je grandis ! Comme tout le reste avec moi, ça prend du temps. J'ai longtemps pensé que j'allais rester tout petit. Mais je sens bien qu'on me porte moins facilement. Et quand je suis dans les bras de maman, je ne peux plus poser ma tête sur son épaule sans me tordre le cou. Ça, c'est vraiment dommage. Mais l'avantage, c'est que je peux attraper de plus en plus haut. Je ne sais pas comment Mamoun va faire, quand je serai très grand… Si je deviens aussi grand que Papoun, qui mesure un mètre quatre-vingt-quinze, elle va devoir acheter un sapin géant !

De toute façon, il suffit que je lui sorte mon plus beau sourire, elle fond et me laisse faire à peu près tout ce que je veux. Tu sais que mon sourire à moi aussi, il est terrible ? Comme ton frère. Parce qu'après mes crises d'épilepsie, je suis hémiplégique. Ça veut dire que mon côté gauche ne fonctionne plus pendant un moment. Sur tout mon corps, et sur mon visage aussi. Quand je veux sourire, un seul coin de ma bouche se soulève. Ça fait un sourire de travers, c'est canon ! Bien plus beau que ces sourires super droits. Je le sais, parce que j'entends bien les commentaires : « Oh ! trop mignon !

Regardez, c'est craquant. » Alors je dose mes effets : je souris rarement. Et encore plus rarement directement à quelqu'un. Je préfère sourire aux anges. Je souris parce que j'ai du plaisir à quelque chose : quand je suis dans mon bain, quand je mange ce que j'aime, quand je me promène sous le vent. Ou quand maman chante, me chatouille le cou.

Et comme ce sourire n'est dirigé vers personne en particulier, tout le monde peut le prendre pour lui. Malin, hein ? Moi, je suis bien content que mes crises d'épilepsie, qui sont vraiment moches et pas drôles, aient au moins un avantage. Parce que ça fait battre mon cœur à toute vitesse, j'ai très peur à chaque fois, et c'est vraiment trop fatigant. Comme toi pendant ton voyage.

En tout cas, il est sûrement beau, ton frère. Comme moi.

C'est bien que tu sois revenu. Bon retour à la maison.

Samy

☆

C'est l'heure du dîner. Mohammed, Marco, Richard et Églantine sont à table, et tentent, comme chaque soir, de tenir une conversation qui ait du sens. Mais ce soir, ils mettent un peu moins d'énergie qu'à l'accoutumée dans leurs échanges. Marco est nerveux, il a encore des devoirs à terminer, il attend avec impatience que le repas se termine, Richard est fatigué, Mohammed manque d'entrain et Églantine n'a pas l'énergie de répéter ses phrases, ni d'inventer de nouveaux mimes. Trop lasse pour chercher un papier et un crayon afin de dessiner les mots qui peuvent leur manquer. Alors Mohammed dit : « Pas problèm » et les laisse parler entre eux. Le remerciant d'un sourire, les deux autres adultes en profitent quelques instants.

Cherchant à saisir la salière, Églantine se détourne une seconde de Richard et aperçoit Mohammed, le regard baissé sur son assiette, qui, très discrètement, plonge deux doigts dans sa ratatouille. Il les y laisse un bref instant, avec l'air d'attendre quelque chose. Et les glisse dans sa bouche. Il ferme les yeux. Inspire. Il n'a pas vu qu'Églantine l'observe du coin de l'œil. Puis il rouvre les yeux, et reprend sa fourchette.

« Bizarre », se dit-elle. Jamais elle ne l'avait vu faire ça avant. On dirait Samy, qui passe son temps les doigts dans la bouche. Mais elle n'a pas le temps de se poser plus de questions, Richard la relance dans leur conversation.

Pourtant, au moment de se coucher, elle se souvient que ce n'est pas la première fois que les comportements de Mohammed lui rappellent Samy. Vraiment étrange.

— Tu n'as pas remarqué que Mohammed est parfois bizarre ? demande-t-elle à Richard.

— Comment ça, bizarre ? Plus bizarre qu'un étranger qui n'a pas nos habitudes et ne comprend pas ce qu'on lui dit ? sourit Richard.

— Non, je suis sérieuse. Vraiment bizarre. De temps en temps il fait des trucs... je ne sais pas. Il me fait penser à Samy.

— Tu veux dire qu'il est autiste ? Là, c'est toi qui deviens bizarre.

— Non, je t'assure. Il parle tout seul, il met ses doigts dans sa bouche... Je sais, je n'arrive pas à m'expliquer clairement, mais vraiment, il a des attitudes qui font penser à Samy. Parfois seulement, c'est vrai.

— Tu dis ça parce qu'il dort dans la chambre de ton fils, et que tu préférerais que ce soit ton fils qui y soit. Allez, viens là, répond Richard en lui ouvrant ses bras. Je sais que Samy te manque. Mais arrête de le voir partout. Mohammed va très bien.

Alors qu'elle vient se lover dans ses bras, Églantine ne peut s'empêcher de repenser à ces petites scènes qu'elle a saisies. Mohammed et Samy ne se connaissent pas. Et il n'y a aucune raison qu'ils se rencontrent un jour. C'est presque dommage, conclut-elle, amusée. Quoi que dise Richard, ils ont des points communs.

☆

Cher petit Samy,
Comme j'aimerais le voir en vrai ton joli sourire. Sur les photos de toi à la maison, tu ne souris pas. Tu as souvent l'air mélancolique. Mais tu es très beau, tu as raison.
Tu devrais quand même offrir un de tes jolis sourires directement à tes parents ou à ton grand frère de temps en temps. Je suis sûr que cela leur ferait très plaisir. Et je suis vraiment désolé pour tes crises d'épilepsie. J'espère que tu es bien soigné.
Avec Marco, nous avons pris nos habitudes. Il est en train de faire ses devoirs, il apprend des textes par cœur. Et moi je dois faire pareil avec mes cours de français. Je commence à avoir des tonnes de fiches de cours, si j'attends trop longtemps pour les apprendre je perdrai courage.
Je vais aller m'installer dans quelques minutes sur le canapé, à côté de son bureau. Comme tous les soirs. On ne peut pas réellement dialoguer, mais on se sourit beaucoup. Tu vois, les sourires ça sert à plein de choses, pas seulement à obtenir ce qu'on veut.
Je crois que ma présence le distrait un peu trop de ses leçons, mais ça rend les choses plus agréables pour nous deux. Il aime bien regarder ce que je dois

apprendre. Comme c'est facile pour lui, ton frère joue les professeurs. Il me fait répéter. Mes cours lui font se poser des questions pourtant : la semaine dernière, comme exercice, je devais retrouver les ingrédients d'une recette de cuisine. Celle du pot-au-feu.
– Alors, Mohammed, tu mets quoi dans ton pot-au-feu ? m'a demandé Marco.
Je savais que ce mot désignait un plat. Mais je le trouve bien compliqué.
– Poteau ? Feu ? ai-je fait en lui montrant les bougies et les allumettes sur la table.
– Non, pas le feu ! Juste le pot-au-feu. C'est comme ça qu'on appelle ce plat.
– Pourquoi ? Poteau ? Et feu ?
– Ben, pourquoi ils t'apprennent ce truc surtout ! C'est vrai que c'est trop bizarre comme mot.
Je n'ai pas compris sa réponse. Alors j'ai redemandé :
– Poteau ? Feu ? Tomates dans poteau ?
J'étais fier d'avoir retenu le nom et la prononciation d'au moins un légume.
– Non pas poteau ! rigole Marco. Pot-au. Et feu après.
– Poteau et feu après ?
Là, je t'avoue que je ne comprenais plus rien du tout. Je dis poteau, il me répond pas poteau, mais poteau. J'étais perdu.

Et Marco s'est mis à rire. Il m'a fait signe que c'était le cours qui était n'importe quoi. J'ai apprécié. Avec ton frère, je ne me sens jamais idiot. Il me donne l'impression que ce sont les autres qui le sont. Ça fait du bien, même si je sais que ce n'est pas totalement vrai.

Hier, je lui ai montré ma fiche du jour. Il y avait les mots « bail », « loyer », « état des lieux ». C'était un cours pour avoir un jour mon propre appartement. Ça, j'ai compris. Mais je n'y ai pas compris grand-chose de plus. Ton frère n'avait pas l'air plus avancé que moi. Je lui ai demandé ce que signifiait « charges locatives ». Il ne savait pas. C'est bizarre de vouloir nous faire apprendre des choses si compliquées que même un ado français ne sait pas de quoi il s'agit… Alors que les choses les plus simples, les plus utiles, je ne les ai toujours pas apprises.

Ça me rappelle le jour où ton beau-père m'a expliqué que je devais prévenir si je rentrais dîner ou pas. Ça nous a pris deux heures !

Il m'arrive en effet de rester avec quelques amis, des réfugiés comme moi, pour aller manger en sortant des cours. Je ne prévenais pas ta famille, qui m'attendait pour dîner. Je ne savais pas comment faire. Et puis, avant d'arriver chez toi, j'avais vécu quelques semaines chez une dame d'un certain âge. Elle avait été très généreuse de m'accueillir mais je ne voulais plus rester chez elle. Elle me traitait comme un enfant. Ne te méprends pas, j'adore les enfants, et toi en particulier. Mais elle me demandait de regarder avec elle ses émissions de télé préférées auxquelles je ne comprenais rien. Il fallait que je reste prendre chaque repas à ses côtés, que je me réveille tous les matins en même temps qu'elle. Je n'avais aucune autonomie. Pardon, je ne devrais pas te dire ça, mais je pense que tu peux comprendre. Quand on est adulte, qu'on a fait ses propres choix pendant longtemps, c'est difficile de revenir en arrière. Au moins, tes parents me laissent libre. Mais ils m'ont « demandé » de les prévenir, pour ne pas m'attendre inutilement. Enfin c'est ce que j'ai fini par comprendre. Ça n'a pas été sans mal : dans mes cours de français, ne sont encore jamais apparus les mots « demain », « hier », « aujourd'hui » ou encore « ce soir ». Je comprends que je ne peux absolument rien exprimer en termes de temporalité. Donc pas d'heures non plus, je serais bien incapable de donner une indication à ce sujet. Après quelques tentatives en langage des signes, nous sommes passés au dessin, comme pour l'usage de la salle de bains. Je crois qu'on est y arrivés.

Sur une feuille scotchée dans l'entrée tous les jours, il y a désormais dessinée une horloge au-dessus d'une table, sur laquelle je peux ajouter en partant

le matin des aiguilles indiquant l'heure à laquelle je pense revenir le soir.
Tu vois, avec tes parents, on s'organise. Ça va de mieux en mieux, je me sens moins mal à l'aise, on communique, à notre façon.
Je leur ai dit que je ferais les courses et le dîner le week-end prochain. J'espère qu'ils vont aimer.
Je t'embrasse,
Mohammed

☆

— Maman, t'es sûre qu'il va bien Mohammed ?

— Oui, bien sûr, pourquoi ?

— Il n'est quasiment pas sorti de la journée. Il reste tout le temps dans sa chambre.

— Eh bien va le voir. Demande-lui s'il a besoin de quelque chose. Propose-lui d'aller faire un tour.

C'est dimanche. Il est seize heures. Il fait beau, la cour est emplie de bruits d'enfants qui jouent. Marco et Marie ont passé une partie de la matinée à traîner dans leur chambre, avant de retrouver des voisins dans la cour. Richard est allé acheter de la terre pour ses pots. Églantine a pris son cours de danse matinal. Après le déjeuner, chacun a vaqué à ses occupations. Les plus jeunes ont des devoirs à faire. Mohammed, lui, n'a quitté sa chambre que le temps de déjeuner. Comme chaque week-end depuis son arrivée.

— J'y suis allé déjà. Il dit qu'il est fatigué, qu'il a besoin de dormir.

— Laisse-le tranquille alors…

— Mouais ! La dernière fois qu'on a eu quelqu'un à la maison qui dormait non-stop comme ça, tu as passé ton temps à râler.

— Je ne râlais pas, j'étais inquiète, nuance ! Voir ton correspondant anglais de quinze ans passer son temps au lit au lieu d'aller visiter Paris, il y avait de quoi se poser des questions.

— Normal, il fumait des joints, intervient Richard qui a entendu la conversation.

— Tu crois que Mohammed en fume aussi ? ajoute Marco, hilare.

— Ça va pas, non ? N'importe quoi !

— Ben, pourquoi pas ? fait Richard, amusé.

Églantine soupire. Mais ne veut pas abandonner la partie si vite.

— Parce que c'est sûrement pas halal ! Et toc !

— Ah oui, c'est important ça, fait remarquer Marco. Quand on a servi de la viande à Mohammed au début, il osait pas refuser, mais clairement, c'était pas halal.

— Oui, bon, on n'y a pas pensé, c'était pas malin de notre part.

— Bon, alors on fait quoi ? On le laisse dormir toute la journée ?

— Non, on va le chercher, on lui propose une activité tous ensemble.

— Un Uno !

— OK, c'est parti. Et je vais chercher Marie aussi !

Marco frappe à la porte de Mohammed. Il lui montre le jeu de cartes, en l'invitant à rejoindre la famille dans le salon. Ce dernier ne se fait pas prier, souriant à la proposition.

Ils s'installent tous sur le tapis du salon, autour de la table basse.

— Vous voyez, je crois que c'est la timidité qui empêche Mohammed de sortir de sa chambre. Il a l'air super content qu'on lui propose quelque chose… Qui lui explique le jeu ?

— Moi, dit Marie. En plus, comme ça, on va lui apprendre les couleurs en français…

Mohammed assiste à ces échanges qu'il ne saisit pas, mais il s'est habitué. Il attend.

Marie commence à distribuer les cartes. Elle explique patiemment la règle du jeu. Il ne faut que quelques minutes et une partie « pour de faux » pour que Mohammed comprenne le but. Chaque fois qu'une couleur est posée, Marie lui fait répéter :

— « Jaune », Mohammed. Ça, c'est du jaune. Vas-y, répète.

— « Djone », répète Mohammed, désireux d'apprendre.

— C'est un 7 jaune, ajoute Marie.

— « Sept djone »… Ouh là, difficile, fait Mohammed.

Il perd trois parties. En gagne deux autres. Ce qui le réjouit. À la fin, il maîtrise neuf chiffres et quatre couleurs. Que les ados, trop heureux d'avoir un nouveau partenaire de jeu, s'empressent de lui faire répéter chaque jour de la semaine, pour qu'il ne les oublie pas.

Encouragée par ces résultats, la famille décide de profiter de chaque occasion, de chaque pièce ou meuble pour perfectionner son apprentissage du français. Bientôt, l'appartement est couvert de Post-it, collés partout. Chaque porte, chaque objet a le sien, avec le nom qui le désigne en majuscules.

Quant à Mohammed, à chaque pas qu'il fait, on l'entend répéter les mots. Ce qui produit dans l'appartement une étrange musique de fond permanente : « fligo », « chamble », « table », « balai », « canapé », « chaussules », entend-on au fur et à mesure de ses déplacements.

Cela améliore la communication. Même si la possibilité de tenir une vraie conversation est encore loin.

☆

Bonjour Mohammed !
Je suis très content que tu t'entendes si bien avec mon frère. Il est gentil, mon Marco.

Moi aussi, je suis en pleine forme. J'ai déjà eu mon bain, et j'ai pu y rester aussi longtemps que je voulais. Je t'ai déjà dit que le bain, c'est une de mes activités favorites ? Je pourrais recommencer dix fois dans la journée, tellement c'est bien. Il faudrait que tu viennes voir les baignoires d'ici. Immenses, profondes, on peut s'y allonger complètement, même quand on est très grand. Moi, j'ai le temps avant que mes pieds touchent le bout, alors je me laisse immerger jusqu'au-dessus des oreilles. Dans l'eau, ça me fait des sons déformés, c'est un peu sourd, c'est super calme, c'est parfait. Je n'entends plus aucun cri. Plus aucun patient de l'hôpital. Même pas les aides-soignantes, qui ont l'habitude de parler trop fort. Je suis dans ma bulle de silence et de sensations. Maman, quand elle vient, ajoute une touche de bonheur : elle tient le pommeau de la douche juste au-dessus de moi, et me laisse jouer avec mes mains sous l'eau qui coule, aussi longtemps que je veux. Je trouve ça fascinant, l'eau qui coule. On tourne un robinet, et hop, c'est sans fin. Et c'est marrant, ça chatouille un peu, c'est comme des milliers de mini bisous délicats sur ma peau. Délicats mais très rapides. Alors je fais bouger mes mains sous le pommeau, en gardant tout le reste du corps sous l'eau. Parfois, pour varier les plaisirs, je sors une jambe et c'est un pied que j'offre aux gouttelettes. Ça aussi c'est vraiment rigolo : ça chatouille encore plus; au début, ça me faisait rire, maintenant je suis trop habitué, mais ça me plaît quand même beaucoup. Je crois que j'ai les pieds très sensibles.

D'ailleurs c'est comme ça que maman a réussi à me faire monter sur un cheval la première fois. Quelqu'un lui avait dit que les chevaux, c'était vraiment un truc à essayer avec les autistes. Alors un jour elle m'a emmené dans un centre d'équithérapie. Mais moi, ces grosses bêtes immenses, ça ne me tentait pas du tout. Et puis je n'étais pas préparé. On était partis en voiture, on faisait un tour sympa, j'étais très bien sur mon siège, je n'avais aucune envie d'en sortir! On m'en a extrait de force. J'étais furieux. En plus, j'ai été assailli par des odeurs épouvantables. Et des tas de bruits. Ouh là là, que c'était violent, je n'étais vraiment pas content. J'ai trouvé que maman y allait un peu fort sur ce coup-là. Et puis, j'avais à peine eu le temps de réaliser ce qui se passait autour de moi que deux personnes sont venues nous voir. Deux personnes qui se sont approchées très près de nous. Qui parlaient trop vite. On nous a emmenés près de ces grosses bêtes. Elles étaient dans un long couloir sombre, il y en avait plein! Je t'ai déjà dit que je n'aimais pas la promiscuité? Et encore moins dans des lieux que je ne connais pas ? J'ai commencé à me taper le visage bien fort. Méthode radicale pour faire réagir maman. Elle n'avait qu'à pas faire ça, d'abord ! Je sais, ce n'est pas très sympa. En tout cas, elle a compris le message, on est ressortis tout de suite. De toute façon, elle me connaît, elle n'était pas très à son aise non plus, elle se doutait que ça n'irait pas comme sur des roulettes. Dehors, ils ont décidé de faire venir un cheval à moi. Il fallait me laisser le temps, hors de question de me faire monter dessus trop tôt. OK, mais moi, je ne veux pas non plus que cette grosse bête, avec sa grosse bouche mouillée et cette odeur, m'approche de trop près !

Rien à faire, elle s'approche. Je recule, je me tape, non mais ho, il faut que vous compreniez, quoi, je ne veux pas ! On insiste. Je me tape encore. Là, j'entends quelqu'un dire que, peut-être, il vaudrait mieux arrêter pour aujourd'hui. Ah, quand même ! Là, tu vois, je crois que j'ai gagné. Mes poings qui cognent sur mes joues, vraiment ça marche à tous les coups. Et puis j'ai fini par comprendre. J'ai bien entendu : « pour aujourd'hui » ? Ils plaisantent ou quoi ?

Si jamais ils me refont un coup pareil, ils vont voir ce qu'ils vont voir ! C'est que je peux être épouvantable quand je veux : aux coups sur le visage, je vais ajouter les coups de pied, les hurlements et les morsures sur mes bras. Ah ça, je vais leur faire la totale ! (Ne fais pas cette tête, si, si, je t'imagine très bien. Mais tu sais, ça ne me fait pas mal, je te rassure. Moi, je ne sens presque rien. Souvent, même, c'est ça que j'aime justement : sentir mes coups sur mes joues, pour sentir mon corps. J'ai parfois l'impression que je le perds, mon corps. Ça fait bizarre, et j'aime pas ça. Mais je me sers des coups aussi pour montrer que je ne suis pas content, mais alors pas content du tout. Ça fait un effet fou, c'est radical ! Comme je ne parle pas, il faut bien que je les fasse réagir. Même avec les gants de boxe, que maman a fini par acheter pour amortir les chocs et que mes joues souffrent moins des coups, ça marche.)

Et puis d'un coup, je ne sais pas pourquoi, maman décide de me retirer mes chaussures. Il fait beau et chaud, elle m'enlève aussi mes chaussettes. Me soulève malgré mes protestations. Je me débats encore, mais je sens subitement quelque chose de bizarre sous la plante de mes pieds. C'est un peu doux, un peu lisse... inattendu. Je ne connais pas. Je m'arrête, j'attends d'en savoir plus. Maman continue de promener mon pied sur le pelage de la bête. Je suis très concentré sur mes sensations. Plus personne ne dit rien. Le silence, enfin. Et cette chose sous mes pieds. Je commence à apprécier. Je pose mon second pied. Mêmes sensations, de douceur ferme. C'est ça, c'est doux, ça n'irrite pas, mais ce n'est pas soyeux non plus. Ça me plaît. J'en veux plus. Alors je m'avance. Maman comprend et lentement, très lentement, me pose sur l'animal. Je suis tout en haut, et mes mains cherchent le même contact que mes pieds. L'odeur ne me dérange plus. Mes mains plongent maintenant dans la fourrure. Tiens, et si je goûtais ? Cette fois, je me penche carrément sur l'encolure, la langue en avant. Finalement, c'est très sympa tout ça ! C'est un peu chaud, et je n'ai plus peur du tout. Je prends mon temps. Et maintenant que je suis tranquille, je peux sentir la respiration de l'animal. Que je trouve bien sympa de me laisser le tripoter comme ça. Sa respiration est régulière, ses muscles sont durs mais pas tendus. Je le trouve rassurant, en fait. Je commence à l'aimer. Je peux avoir mauvais caractère, mais je sais aussi être reconnaissant. Alors je m'étale de tout mon long, le ventre collé à son dos. Un gros câlin ! Avec maman qui garde sa main sur mon dos à moi. Pour un peu, je m'endormirais de bien-être.

Moi, je suis partant pour la prochaine équithérapie ! Comme quoi, on peut changer d'avis. La prochaine fois, j'essaierai de moins embêter maman quand elle me propose quelque chose de nouveau. Tu as vu, j'ai dit : « J'essaierai ». Pas : « Je promets ». Hé hé... on ne sait jamais !

Tu me racontes ton dîner, toi ? Tu sais que je suis gourmand. Tu leur as fait quoi ?
Bisous
Samy

☆

La fin du repas est arrivée, tous se lèvent. Ce soir, c'est à Mohammed de faire la vaisselle. Posté devant l'évier, il a saisi l'éponge et tourné le robinet. Les autres s'activent autour de lui, rangent les sets, les serviettes, essuient la table. En s'approchant de Mohammed pour ranger le pain dans sa boîte, Églantine constate que ce dernier n'a pas encore commencé à utiliser l'éponge qu'il tient pourtant dans la main. Il fait couler l'eau en pluie. Le robinet est doté de cette fonction, si pratique pour rincer certains plats. Immobile, il tient sa main sous les fines gouttelettes, qui viennent, en nombre, s'échouer sur sa peau. L'espace d'un instant, très bref, il a fermé les yeux.

Églantine range le pain sans bruit, intriguée. Mais déjà, Mohammed a rouvert les yeux et d'une main ferme, commence à gratter la poêle…

Quand tout est terminé dans la cuisine, Richard prépare un plateau :

— Tu viens, Mohammed ? On prend une tisane…

Ils ont l'habitude de siroter une tisane avant de monter se coucher. Marco, lui, est retourné à ses devoirs.

Mohammed apprécie beaucoup ce moment de calme après le dîner. Il a dorénavant ses habitudes, sa place sur le canapé. Qu'il s'apprête à rejoindre, après avoir disposé la poêle sur l'égouttoir, pendant que Richard pose le plateau, avec la théière fumante et les trois tasses sur la table basse. Il s'assied et attend. Richard saisit la théière, Églantine lui tend une tasse. C'est le moment que choisit Mohammed pour plaquer subrepticement son dos contre le gros coussin arrière du canapé, et rebondir la seconde d'après, se projetant délicatement en avant. Un petit geste qu'il a effectué si rapidement qu'il est à peine perceptible. Mais Églantine, elle, l'a vu. Enfin, elle croit l'avoir vu. Mais était-ce vraiment cela ? A-t-elle vraiment vu ce rebond, ou l'a-t-elle seulement imaginé ? Elle a vu ce geste si souvent. Samy ne fait que ça, songe-t-elle, étonnée de retrouver un mouvement quasi similaire chez leur hôte. Comment serait-ce possible ? S'est-elle trompée ? Son imagination, sans doute… Richard a sans doute raison. Samy lui manque.

☆

Mon petit Samy,

Tu ne crois pas que tu exagères un peu avec ta maman ? J'ai compris que toute nouveauté était difficile pour toi, mais, si tu veux bien, essaie de moins crier ou te frapper. Ça doit être très dur pour elle. Elle t'aime beaucoup, ça je suis sûr que tu le sais. Les enfants doivent aussi prendre soin de leur maman, c'est important. Moi qui suis loin de la mienne, je culpabilise de ne pas être à ses côtés pour l'aider à affronter chaque journée qui passe. Mais j'ai confiance en toi, tu as le cœur généreux.

Tu voulais que je te raconte mon dîner ? J'avais sincèrement envie de rendre un peu ce que ta famille me donne, alors j'ai fait cette proposition. Je ne peux pas faire mieux en ce moment. J'aimerais pouvoir leur offrir un cadeau, mais je n'ai rien. Pas d'argent. L'État français me donne dix-neuf euros par jour pour vivre. C'est un don, je ne peux pas me plaindre, mais ça ne fait pas beaucoup. Et je ne peux toujours pas espérer trouver du travail. J'ai encore besoin de soins médicaux. Mon corps blessé s'épuise trop vite, et de toute façon, mon français est vraiment encore trop pauvre. J'aimerais tant pourtant. Ne plus dépendre des autres. C'est tellement embarrassant. J'ai la chance d'être logé dans

ta famille, qui ne me fait pas payer. Et je ne fume pas, contrairement à la plupart des autres réfugiés que je connais. Ce sont des dépenses en moins, c'est important. Mais il faut payer le métro, les déjeuners, le dentifrice, le savon, le téléphone. Tes parents n'ont pas voulu que j'aie mon étagère dans le réfrigérateur. Comme je l'avais chez cette dame où je vivais avant. Chacun ses fruits et légumes, chacun payait ce qu'il voulait manger. Ils ont déclaré à l'association qui nous a mis en relation ne pas vouloir me considérer comme un locataire, mais bien comme leur hôte.
C'est adorable de leur part, mais ils n'ont pas réalisé ce que cela pouvait produire sur des personnes comme moi. Chaque repas, je le leur dois. Et chaque repas « à la maison » se prend tous ensemble. Ne te méprends pas, ce n'est pas une critique, bien au contraire, mais je ne suis pas chez moi et, je te l'ai déjà dit, je suis si timide. Timide et dépendant, dans un pays entièrement nouveau, ça fait beaucoup, à mon âge.
Alors j'ai voulu leur préparer un dîner pour les remercier. Et puis aussi leur faire découvrir un repas de chez moi. Enfin presque. Je savais que je n'allais pas retrouver tous les ingrédients, mais je voulais essayer de cuisiner quelque chose proche de ce qu'on mange chez moi. Je me suis mis la pression,

tu sais. En revenant de mes cours, je suis allé faire quelques courses. J'avais pu économiser un peu, en mettant de côté quelques euros chaque jour. De quoi acheter une salade verte, des épices, un concombre, des tomates, des radis, de la menthe fraîche, du persil, des oignons et du citron. C'est la base de chaque repas irakien. Je sais, je n'ai pas fait quelque chose de très particulier, mais je dois t'avouer que je ne cuisinais pas beaucoup chez moi, avant. Je préférais aller dîner dehors, ou chez mes parents. Impossible de toute façon de rivaliser avec ma mère sur ce terrain.

Je me suis donné du mal, malgré tout. Ta famille m'a laissé la cuisine, et j'ai pu m'organiser comme je voulais, à l'abri des regards. J'ai patiemment découpé tous les ingrédients. Je ne sais pas si tu aimes ça, mais, chez nous, pour faire la salade, on découpe les ingrédients en tout petit. Tomates, concombres ou oignons rouges sont réduits à la même taille. Ça m'a pris un peu de temps. C'était agréable ce moment seul dans la cuisine, à retrouver les gestes appris de ma mère. J'ai aussi trouvé du lait caillé, ça, c'est une chance ! Tu sais que toutes ces courses m'ont permis de découvrir le quartier de ta famille ? Il y a plein de commerçants turcs, égyptiens, marocains… J'ai pu parler un peu avec eux. On ne parle pas le même arabe, je te l'ai dit, mais nous avons réussi à

nous comprendre. Je me suis senti un peu moins loin de chez moi. Et je me suis promis de retourner les voir plus souvent.
Le soir, j'ai donc servi le repas. Un peu fébrile à l'idée que ta famille n'apprécie pas le goût de ma salade. Cependant, mes efforts ont été largement récompensés. Tout le monde a aimé. Enfin c'est ce qu'ils m'ont laissé entendre. Et je les ai crus, puisqu'ils se sont tous resservis. Ils m'ont aussi posé plein de questions. J'ai pensé qu'il s'agissait de questions culinaires, rien de personnel, alors j'ai pu me détendre complètement. La conversation est toujours aussi limitée par la méconnaissance de nos langues mutuelles, mais nous n'avons pas arrêté de parler. Et nous avons même ri. Incapable de te raconter précisément de quoi, mais la soirée a été très légère. Marie et Marco m'ont même gentiment applaudi après avoir mangé presque toute la salade. Je t'avoue que le lait caillé a eu moins de succès. Ton frère et Richard ont trouvé ça trop acide, ça se voyait sur leurs visages. Ah tiens, oui, ça me revient maintenant, c'est justement à ce moment que nous avons bien ri. Parce qu'après avoir fait semblant d'aimer, par politesse, Richard a fini par faire une horrible grimace. Qui a fait éclater de rire tout le monde. Tellement de bon cœur que je n'en ai pas été offusqué. Ta mère s'est levée pour aller

chercher un album : elle m'a montré des photos d'elle en Afrique, quand elle était plus jeune, et elle semble en effet plus habituée au lait caillé. Mais je ne crois pas qu'elle en raffole pour autant.
J'ai vraiment passé une bonne soirée. Je vais économiser plus longtemps pour acheter de l'agneau et leur faire des boulettes, la prochaine fois. Je suis sûr qu'ils apprécieront.
Peut-être un jour je pourrais t'en faire aussi ?
Passe une belle soirée, mon petit Samy.
Je t'embrasse bien fort,
Mohammed
PS : Au fait, tu as quel âge ? Es-tu un enfant ? Un adolescent ? Les photos de toi ne me permettent pas de bien te situer, je n'en connais pas les dates. Et je suis curieux de savoir.

☆

Il est dix-neuf heures, les parents ne sont pas encore rentrés. Mohammed ne se réfugie plus dans sa chambre en revenant de ses excursions dans la ville. Depuis quelque temps, Marco a remarqué qu'il avait pris de nouvelles habitudes : il va d'abord ranger ses affaires, s'allonge un bref moment sur son lit (Marco se demande bien ce qu'il fabrique), puis ressort le retrouver. Ils se font leur « apéritif », comme se plaît à dire le jeune ado. Un apéritif composé de jus d'orange pour le premier, de thé pour le second. Et de quelques chips, que Marco est parvenu à faire acheter à sa mère. Ils s'installent sur le canapé, les pieds nus sur la table basse. Et là, ils se « racontent » leur journée.

— Ça a été aujourd'hui, Mohammed ?

— Aujourd'hui ? Bien. Toi ?

— Ça va. Bonne journée.

— Oui, bonne djournée. Ça va. Pas problèm.

Ils n'ont rien à ajouter. Tant mieux, ils ne le pourraient pas. Et cela leur suffit.

Après, Marco fait répéter à Mohammed des mots au hasard, un à un, l'obligeant à prononcer aussi bien que possible les syllabes, puis les mots entiers. Il se moque gentiment de lui, de sa prononciation improbable.

— Non, on ne dit pas « BI-ANN-VÉ-NOU » mais « BI-IN-VEU-NU ».

— BI-in-Veu-nou !

— Hmmm. Allez, c'est presque ça. On va dire d'accord. On essaie le huit pour voir ?

Marco a fait exprès de choisir ce chiffre, qu'il sait si difficile à prononcer. C'était une de ses premières tentatives avec Mohammed, il y a déjà longtemps, et ce dernier n'est encore jamais parvenu à le prononcer correctement. Sachant qu'il est attendu au tournant, Mohammed prend une mine concentrée… et fait exprès de détacher les deux syllabes, appuyant sur le « ou ».

— OU-IT !

— Noooon ! rigole Marco. Pas OUIT, HUIT !

— Oui. OU-IT !

— Ouiouit ? se marre Marco. C'est un joli mot, ça, ouiouit. Mais désolé, ouiouit, connais pas, Mohammed.

— Si ! OU-IT !

— Ah ben, siouit non plus, je connais pas !

— Un, deux, trois, quat, cinq, six, sept, huit, neuf, dix ! s'exclame Mohammed d'une traite, très fier.

— Ah, tu vois que tu sais le dire ! Tu te moques de moi ! fait Marco en lui balançant une tape sur l'épaule.

— Oui. Toi rire. Rire moi.

— Un peu. Mais gentiment. Dis, Mohammed, c'est comment d'avoir un frère ? demande Marco, sautant du coq à l'âne, mais l'expression soudain sérieuse.

La question prend Mohammed au dépourvu.

— Répète ?

— Je te demande : toi, tu as un frère. En Allemagne. Il a quel âge ton frère ? Frère ? Âge ?

— Plus grand. Trente-neuf.

— Comme Samy avec moi. Il est plus petit. Trois ans de moins.

Au moment où Marco prononce « Samy », le cœur de Mohammed fait un petit bond dans sa poitrine. Là, il est en terrain plus connu. Il veut tenter de poursuivre la conversation. Il sent que c'est important pour Marco.

— Bien, frère. Samy, gentil ?

— Je ne sais pas. Enfin, si, il est gentil. Ça c'est sûr. Je ne crois pas qu'il sache ce qu'est le mal. Donc il est très gentil. Mais, moi, je ne sais pas vraiment ce que c'est, en fait, d'avoir un frère. J'aurais bien aimé.

La tirade est trop longue, Mohammed n'a pas compris. Il a repéré le mot « si », ce qu'il apprécie, il n'aurait pas aimé que Marco dise le contraire.

— Répète s'il vous plaît.

— S'il TE plaît, le reprend Marco. C'était comment, avec ton frère, quand vous étiez enfants ? Toi, ton frère, enfants, bien ? insiste-t-il.

— Oui, très bien. Important frère. Beaucoup choses ensemble. Dormir ensemble. Jouer ensemble. Pas problèm.

— Pas problèm, répète Marco. Tu as raison. C'est bien, un frère. C'est ce que tout le monde dit. Mais mon frère à moi, il n'est pas comme les autres, et je le regrette. Pour lui et pour moi, aussi. J'aurais tellement aimé un petit frère avec qui jouer, à qui apprendre des choses, avec qui j'aurais partagé plein de secrets. Avec Samy, c'est impossible. Et ça me rend triste souvent.

Triste. Mohammed connaît ce mot. Mais il ne comprend pas pourquoi Marco l'utilise au sujet de Samy. Le petit bonhomme est tout sauf triste, se dit-il.

— Pas triste Samy.

— Je ne sais pas. Mais si, ça doit lui arriver d'être triste quand même. Il ne peut rien faire tout seul. Et puis maman est ici, avec moi, et elle doit lui manquer… J'aimerais bien lui manquer aussi un petit peu…

— Pas triste Samy, répète Mohammed. Pas triste. Pas problèm. Ici France bien avec personnes malades. Pas comme Irak. Malades, vieux, pas bien Irak. Ici très très bien. Samy pas triste. Pas problèm.

Marco le regarde. Qu'en sait-il, lui qui vient de si loin et ne connaît pas son petit frère ? Mais le regard doux et confiant de Mohammed lui plaît. Il a envie d'y croire. Alors il répond :

— D'accord. Pas problèm. Merci Mohammed.

Mohammed sourit. À cet instant, il est heureux.

☆

Salut Mohammed,

Moi, j'ai douze ans. Mais ce n'est pas très important, ici, tout le monde est pareil. Enfin les résidents, pas le personnel soignant. Mais nous, les résidents, vieux ou jeunes on n'est pas très différents, alors on s'en fiche de l'âge. On fait ce qu'on veut, on participe aux activités si on est d'accord, on met les mains dans la bouche si on en a envie, on est souvent en poussette, y en a pas beaucoup qui parlent avec des mots. En fait, en y réfléchissant, je m'aperçois qu'aucun d'entre nous ne parle. Certains disent des mots, mais personne ne sait faire de phrases. Ce qui ne nous empêche pas de penser. Et encore moins de nous exprimer. Il faut juste savoir s'y prendre. Et nous écouter. Il paraît qu'il y a des gens

qui peuvent nous apprendre à « parler », avec des images par exemple. Mais y en a trop peu, et ça coûte trop cher. J'ai entendu maman le demander plus d'une fois, ici. Elle aimerait bien que je puisse lui expliquer mieux ce que je veux. Si ça lui fait plaisir, moi je veux bien, mais on lui a dit que c'était impossible. Pourtant maman me comprend bien, je trouve. C'est vrai qu'elle prend le temps de m'observer. Et ici, ils ont moins le temps. On est nombreux quand même ! Alors tant pis pour les jolies images qui me feraient « parler ».
Et puis on se couche tous tôt. Trop tôt. Au lit à vingt heures. Et il y a la sieste aussi : tous ensemble, après le déjeuner, « temps calme » comme ils disent. Qu'on soit petit ou grand tout le monde doit dormir entre treize heures et quinze heures. Moi, ça me plaît pas trop. Des fois oui, parce que je suis fatigué, si j'ai fait la fête pendant la nuit. Ou si j'ai fait une crise d'épilepsie. Mais quand même, souvent, j'ai pas sommeil après le déjeuner, alors ça m'ennuie. Et je ne suis pas le seul ! On est nombreux à faire du bruit dans nos chambres. Alors c'est drôle, pour nous calmer, on nous met de la musique ou la télévision. Ça fait bizarre, tu comprends : les aides-soignants allument toutes les télés, qui sont fixées en hauteur au mur. Et chacun met une chaîne au hasard. Je te raconte pas le bordel ! Moi, ça me dérange pas trop, parce

qu'au final, tous ces bruits différents, ça en fait un seul, en fond, qui me protège de tous les autres. Un bruit sorti de nulle part, j'aime pas du tout. En plus, mes yeux ne sont pas super bons. Fixée si loin de mon lit, la télé envoie des images que je ne vois pas. Bien trop loin. Alors je m'en fiche. Moi, ce que je préfère, c'est la musique. Maman m'a offert une enceinte reliée à un petit appareil qu'elle fixe dessus. Et de la musique en sort. L'enceinte, elle l'a posée sur ma table à roulettes. Celle que les hôpitaux utilisent pour faire manger les malades. On en a une si on veut ici. La mienne sert à poser mes affaires. Alors quand j'ai envie, je me lève de mon lit, je viens poser mon avant-bras sur la table, je couche la tête dessus, le pouce dans la bouche, et j'écoute les sons qui sortent de la petite boîte. Maman a mis des tas de sons très beaux. Je peux les écouter des heures. Je connais toutes les chansons et les musiques par cœur, mais je ne m'en lasse pas. Au contraire. Pour m'en faire accepter une nouvelle, il faut ruser. Maman n'a rien trouvé de mieux que d'imposer. Elle met la musique dans l'appareil, le branche, et s'en va. Moi, au début, je croyais que c'était pour me laisser apprécier ma musique tranquillement. Tu parles ! C'est qu'elle est maligne, ma maman. Ça commence par les chansons que je connais, et puis, à un moment, il y en a une qui surgit et que je n'ai jamais entendue. Pas moyen d'y échapper. À force, je m'habitue. Sinon, j'écouterais toujours les mêmes. Tu dois te demander pourquoi maman ne me laisse pas écouter ce que je veux. C'est parce qu'elle vient souvent. Et elle, elle n'est pas comme moi. La répétition inlassable des choses, tout ce que j'apprécie, elle, ça l'agace. Alors, bon, il faut bien faire des concessions… Tu sais que, dès qu'elle arrive, la première chose qu'elle fait, c'est éteindre la télé ? Elle dit que ces télés allumées en permanence, ça la rend folle. Tu la verrais, elle commence par demander à Romain, qui partage ma chambre : « Bonjour, Romain. Tu vas bien ? Écoute, je vais éteindre la télé. Je n'ai pas l'impression que tu la regardes. Si tu n'es pas d'accord, manifeste-toi. Tu peux bouger, grogner, cligner des yeux, ce que tu veux. Si tu réagis, c'est que tu ne veux pas que j'éteigne. Si tu ne fais rien, on est d'accord, j'éteins. Ça marche ? » Elle attend un peu, au cas où… Romain est aussi lent que moi ; et elle appuie sur le bouton. Romain ne dit rien. De toute façon, il ne dit jamais rien. Tout ce qui l'intéresse, c'est de mordiller la ceinture qui le fixe au lit pour qu'il ne tombe pas. Mais maman demande quand même. Et après, elle est capable d'aller faire la même chose dans toutes les chambres à proximité de la mienne ! Dès que les aides-soignants sont trop occupés pour la voir, elle part s'infiltrer en douce dans les autres chambres, procéder à l'extinction générale des téléviseurs. Ça me fait bien rire. Et je suis son complice. Je n'ai jamais dénoncé maman.

Pour ta salade, c'est chouette. Je suis sûr que toute la famille a aimé, je les vois souvent manger de la salade. Moi pas. On n'en sert jamais, de la laitue, à l'hôpital. Alors, en fait, je ne sais pas si j'aime.

Dis, puisque l'âge, c'est important pour toi, tu me dis le tien ?

Gros bisous

Samy

☆

Bonjour petit Samy,

C'est bien ça, que tu puisses écouter de la musique autant que tu veux. C'est merveilleux la musique, ça apaise, ça fait du bien.

J'ai trente-sept ans. Beaucoup plus vieux que toi. Et ici, l'âge, ça compte un peu plus que chez toi. Pour autant, c'est toi qui as raison. Pourquoi poser si souvent la question ? Tu ne peux pas imaginer le nombre de fois où j'ai dû annoncer mon âge depuis que je suis en Europe. Alors que ça n'apporte pas grand-chose comme information. L'âge ne dit pas qui je suis, ce que je sais, ni vers quoi je tends. Il y a

des gens qui n'ont pas d'âge, d'autres qui font plus vieux qu'ils ne le sont, d'autres encore qui font bien plus jeunes. Des jeunes qui naissent déjà vieux, des vieux qui veulent absolument faire jeune. Moi, par exemple, je suis chauve. Quasiment pas de cheveux parce que je les ai rasés. Je pense donc faire plus vieux que mes trente-sept ans. Alors que je suis neuf dans cette nouvelle vie. Que je dois tout recommencer de zéro. Tout réapprendre. Les habitudes de ce pays, votre culture, vos références, votre langue, un métier. Comme si j'étais un nouveau-né, tu vois ?
Et pourtant, en ce moment, je me sens bien vieux. Une vieille âme dans un corps perclus de douleurs, tout le temps fatigué, comme une personne très âgée. Je dors beaucoup dans ton petit lit. Énormément. Je récupère. Je crois que ton refuge est devenu mon refuge, et je te remercie du fond du cœur de m'en avoir ouvert la porte. Je m'y abrite, je m'y ressource mais je m'y isole déjà moins qu'avant. Maintenant je sors plus avec mes amis réfugiés, je participe plus à la vie de ta famille. Je vais peut-être redevenir moins vieux, finalement.

Là, tu vois, c'est le week-end et je me repose sur ton lit. Il fait beau, tout le monde est dehors, à jardiner.

Richard a refait tous les pots de la cour de l'immeuble. Il m'a proposé de participer. Il faut dépoter certaines plantes, pour les mettre dans des pots plus larges, remettre de la terre, déplacer d'immenses jardinières. C'est épuisant, et ça demande une force que je n'ai plus. Je me suis éclipsé. Ton frère m'a jeté un œil soupçonneux. Je pense qu'il a cru que je me défilais par paresse. Lui, Richard ne lui a pas laissé le choix, il est encore dehors. Mais, n'ayant pas les mots pour expliquer, j'ai préféré partir sans rien dire. Il faut que je fasse attention, on va croire que je n'en fais qu'à ma tête… un peu comme toi, non ?
Excuse-moi de ne pas m'attarder, je m'endors.
Et t'embrasse avant,
Mohammed

☆

— Qui m'accompagne faire quelques courses ?

Richard sort déjà le caddie, qu'il remplit de sacs en papier.

— N'oublie pas les bouteilles de lait s'il te plaît ! lui crie Églantine du haut de leur chambre.

— OK, mais personne ne veut m'accompagner ?

— Bof… pas envie du tout, répond-elle. Les enfants ?

— On est occupés ! Plus tard ! clament dans un même élan Marco et Marie.

— Ouais, c'est ça. Bon, j'ai compris, j'y vais tout seul.

— Propose à Mohammed, on ne sait jamais, ça peut lui faire plaisir de sortir un peu avec toi.

Pas idiot, se dit Richard.

— Mohammed ? Tu veux venir avec moi ? Courses ? précise-t-il en désignant le caddie.

Mohammed ne se fait pas prier. D'abord parce qu'il n'ose jamais dire non, ensuite parce qu'en effet, tout ce qui peut le sortir de son ennui et de la léthargie dans laquelle il se laisse un peu trop facilement glisser malgré ses bonnes résolutions est bon à prendre.

Il se lève et suit Richard.

Quelques minutes à peine les séparent de la supérette du quartier. Marchant côte à côte, ils tentent de faire la conversation.

— Qu'as-tu envie de manger ce soir ? Viande ? Poisson ?

— Manger ? Poisson. Oui. Salade ?

— Tu vas choisir avec moi. Ce sera plus simple.

— Moi aider. Porter. Faire la cuisine.

— C'est gentil, mais tu nous as déjà préparé un très bon repas. On va faire ça tous ensemble ce soir.

Ils entrent dans le magasin et commencent à arpenter les rayons.

— Tiens, si tu veux bien, je te laisse t'occuper du lait et du jus d'orange, d'accord ?

— Pas problèm ! répond Mohammed sans avoir bien compris.

Mais, à l'intonation, il a saisi qu'il s'agissait d'une question simple. Il décide qu'elle est sans conséquences. Et continue de suivre Richard.

— Non, Mohammed. Regarde là-bas… fait Richard en lui désignant un rayon du doigt. Le lait et les jus sont par là-bas. Lait, tu comprends ?

— Oui, oui. Pardon.

Mohammed se dirige vers le rayon. Quelques minutes plus tard, il rapporte six bouteilles de lait entier.

— Euh… on le préfère demi-écrémé. Tu te souviens des couleurs du Uno ?

— Couleurs Uno ? Oui, pas problèm.

— Tu veux bien y retourner ? Tu prends les bouteilles avec le bouchon bleu. Le bleu, insiste Richard, en lui montrant le bouchon.

— Pas problèm.

Mohammed s'exécute. Et retrouve Richard occupé à choisir fromages et jus d'orange.

— Cher, dit-il en regardant les étiquettes. Trop cher. Autre magasin, mieux. Venir ?

— Tu veux qu'on aille ailleurs ? D'accord, si tu en connais un mieux, je te suis. Mais je suis curieux, parce que je connais bien le quartier.

Mohammed entraîne Richard dehors. Après quelques mètres à peine, il s'arrête devant une minuscule boutique.

— Là, bien. Ami.

— Héé ! Mohammed ! Comment ça va ? lance joyeusement le commerçant.

— *Salam aleykoum !*

Mohammed semble en terrain connu. Il va et vient dans les rayons. Demande à Richard ce qu'il veut. Lait, jus d'orange, beurre, fromages, salade, il s'occupe de tout, et remplit un panier, heureux d'être utile.

Richard le laisse faire et se contente d'attendre à la caisse, en précisant par signes ce dont il a besoin.

Mais quand Mohammed revient, sa mission accomplie, et qu'il dépose les articles sur le comptoir de la caisse, Richard ne peut s'empêcher de faire la moue.

Aïe, se dit-il. Du lait caillé, de la margarine à la place du beurre, du jus d'orange qui, à voir sa couleur, n'en a que le nom… Mohammed a fait des choix très… personnels. Pas très appétissant tout ça. Mais il sourit.

Au moment de régler, Mohammed devance Richard et sort de sa poche quelques billets et pièces.

— Moi, payer.

— Certainement pas, Mohammed. C'est très gentil à toi, mais nous sommes trop nombreux à la maison. Non, fait Richard de la tête.

— Si, si. Moi. Moi cadeau vous.

Richard est au courant pour les dix-neuf euros par jour que l'État français verse à Mohammed. C'est ce qu'il va dépenser là, juste pour ces quelques denrées. À peine mangeables, au goût de Richard. Mais il sent que Mohammed tient à ce geste. Alors il laisse faire, un peu honteux. Et repart plus tard dans l'après-midi compléter son panier avec du poisson et des œufs. Hors de question que Mohammed paie encore.

Le petit-déjeuner du lendemain matin est assez drôle. Mohammed se régale et ressert tout le monde en jus d'orange. Tartine le pain de sa margarine avant d'en déposer une part sur chaque assiette.

— C'est terrible, dit Marco, songeur.

— Quoi ? Qu'est-ce qui est si terrible ? Tu peux faire l'effort de manger en souriant, quand même, non ? Ça fait plaisir à Mohammed.

— C'est pas ça. Ce qui est terrible, c'est que si ça se trouve, à chaque fois qu'on mange tous ensemble, en fait, lui, il trouve tout dégueu. Peut-être qu'il n'aime que les trucs bizarres et chimiques ! On le torture gastronomiquement, quoi !

— C'est pas son estomac qu'on torture, c'est son portefeuille. Mohammed n'a pas les moyens. Tout le monde ne peut pas manger bio et sain, je te rappelle. Alors c'est un beau cadeau qu'il nous a fait.

Touché.

— N'empêche, c'est peut-être pas de bol pour lui d'avoir atterri dans une telle famille de bobos !

— Bobo ? s'enquiert Mohammed, soudain inquiet.

— Non, pas bobo-mal. Nous, on est des bobos, explique Marco en pointant son doigt sur son ventre.

Ce qui inquiète encore plus Mohammed, qui se demande pourquoi Marco a mal au ventre.

— Toi top, ajoute Marco en levant le pouce. Nous bobos. Bien-pensants, quoi !

— Arrête, Marco, tu l'embrouilles complètement !

— D'accord. Bon, Mohammed, merci beaucoup ! Nous pas bobos, juste chiants.

— Marco !! éclatent de rire Richard et Églantine.

Rassuré, Mohammed leur adresse un grand sourire. Ils rient, ils ont l'air contents. Et ces rires, c'est à lui qu'ils les doivent. Cela lui fait plaisir.

☆

Coucou Mohammed !

C'est vrai qu'à la maison, il y a toujours de l'action. Richard n'arrête jamais, toujours une idée d'activité, dehors ou dedans. Musées, cinéma, dîners avec des amis, sport, jardinage, ils ne s'arrêtent que pour lire et dormir. Ils sont quand même bizarres à s'agiter tout le temps comme ça. Alors que c'est si bien de ne rien faire. Moi, tu vois, des fois, je reste planté là, à regarder devant moi. Je peux observer un point sur le mur pendant des heures. Il y a plein de choses sur ce point : la lumière dessus, qui bouge selon les minutes, son effet change tout le temps, et si moi je bouge aussi, si je me décale, un peu à droite, un peu à gauche, ce n'est plus tout à fait pareil non plus. Et la couleur de ce point aussi varie. C'est infini. Voilà de quoi m'occuper longtemps, sans même que j'aie

besoin de sortir de ma chambre. Tu vois, moi, je ne m'ennuie jamais. J'ai vraiment pas besoin de faire le tour du monde pour m'occuper. Il y a déjà tant à voir juste à côté de moi. Et puis il y a aussi tout le personnel de l'hôpital, tous les enfants des chambres voisines... Pfff! j'en ai pour des mois et des mois avant d'en avoir fait le tour.
Et enfin, pourquoi bouger tout le temps? Le sport, ça sert à quoi? À être en bonne santé? Justement, je veux pas insister, mais nous, tu sais, la santé... on s'en fiche un peu puisqu'on est déjà à l'hôpital. Ici, le psychomotricien tient absolument à ce que je fasse du vélo. Tout seul, non mais tu imagines? Il me met sur un vélo à trois roues, il me fixe les mains sur le guidon, sinon je m'empresse de le lâcher, il fait pareil avec mes pieds sur les pédales, et après il m'oblige à pousser sur mes jambes pour le faire rouler. Je veux bien un peu, pour lui faire plaisir, mais pourquoi me donner tant de mal, alors qu'il y a ici des vélos avec des grands sièges sur lesquels je peux m'installer, bien confortablement, juste à l'arrière? Puisqu'ils aiment tant que ça s'épuiser physiquement, ils n'ont qu'à m'y mettre et pédaler, eux! Moi j'adore les promenades comme ça...
Maman, elle aussi, s'évertue à faire du sport. Bon, OK, elle ne vit pas à l'hôpital, elle. Vélo elliptique, yoga, natation, dès qu'elle peut, elle y fonce.

Et pourtant, elle râle et dit qu'elle rêve de profs ou de salle de gym à domicile. Alors moi, qu'est-ce que je fais, à ton avis ? Tu me disais que je devais prendre soin de ma maman ? Eh bien, figure-toi, je m'occupe très bien d'elle. Je n'arrête pas. Je fais tout ce que je peux pour l'entretenir et la faire bouger. Avec moi, chaque muscle de son corps est en action. Meilleur coach sportif, y a pas, je te garantis ! Tu veux quelques exemples d'exercices que je lui ai mis au point ? Allez, c'est parti.

Me mettre ma couche : cinq minutes de catch pour me soulever les fesses, que je déplace consciencieusement à gauche ou à droite du centre de la couche, histoire de l'obliger à recommencer. Hop, elle passe l'avant-bras sous mes genoux, hop, elle soulève et me repositionne correctement. Mais moi, je suis exigeant ! Si elle veut muscler bras, épaules et dos, je me redéplace aussitôt. Et j'alterne : droite, gauche, droite, gauche... Allez, ça suffit, je me laisse faire... un peu. À peine a-t-elle fixé les adhésifs d'un côté que je me roule de l'autre. Là, pas le choix, elle va devoir faire un effort supplémentaire pour me retourner. Et je n'y mets pas du mien, je t'assure !

Pour travailler encore son dos, je fais exprès de me laisser tomber quand on marche. En pleine balade, zoup, je glisse contre sa cuisse, je me ramollis et ça y est, je suis au sol. Maman croit que je fais ma mauvaise tête et que je ne veux pas aller dans la direction qu'elle m'impose ? Pas du tout ! C'est pour l'obliger à me soulever. Et elle fait ça bien : elle plie les jambes, passe ses mains sous mes aisselles, se redresse, et ce sont ses cuisses qui portent mon poids.

Côté souplesse, j'ai aussi bien mis au point son entraînement : je passe mon temps à lâcher les objets, quand j'en ai assez. Cuillère, poule-doudou, serviette-éponge, brosse à dents, tout y passe. Évidemment, je pourrais les déposer gentiment sur la table, mais alors, elle ferait comment, maman, pour garder la forme ? Non, non, je t'assure, c'est mieux pour elle d'être obligée de tout ramasser par terre. Allez hop, pliage des jambes, torse penché, bras allongé, on étire, on souffle, on respire et on remonte !

Je m'occupe même de son cœur : c'est que chaque sortie avec moi demande de la préparation, de l'attention, et du souffle. On quitte le service de l'hôpital ensemble, moi dans ma poussette qu'elle avance jusqu'à l'ascenseur. Sur son dos, un gros sac, avec mes changes, de l'eau, des lingettes, ma poule, des biscuits, des médicaments – on ne sait jamais. En bandoulière, son propre sac à main. Dans une main, les clés de la voiture. On sort et, arrivés devant la voiture, il faut l'ouvrir, ranger très vite les sacs, avant que je ne m'agite dans la poussette.

Parce que moi, quand je vois la voiture, je veux entrer dedans tout de suite. J'aime pas attendre. Elle ouvre ma portière, je suis déjà debout, et je donne un coup de pied de travers. La poussette en profite pour essayer de filer. Il faut bien me tenir, sinon, on ne sait jamais, je peux m'échapper, cogner mon dos contre la voiture ou tomber, je suis encore sur une jambe, l'autre est restée coincée derrière la sangle du repose-pieds de la poussette qui s'en va. Elle me tient d'une main, rattrape la poussette de l'autre. D'un seul bras, elle m'aide à m'installer sur le siège. Quand, enfin, je suis attaché, elle replie la poussette, ce qui n'est jamais une mince affaire avec ces gros trucs, pour la faire entrer dans la voiture. Qui est trop petite. Elle soulève péniblement les quinze kilos de l'énorme engin. Et le dispose tant bien que mal, en forçant de tous les côtés. Enfin, elle ouvre sa portière, se laisse tomber sur le siège et soupire :

– Ça y est ! On peut y aller, Samy.

Et même pas un merci ! Alors que je lui fais refaire le même exercice à l'envers à notre arrivée sur le lieu de promenade. Avec une petite complication supplémentaire histoire de pimenter l'affaire. Moi, je veux marcher. Mais des fois, elle se méfie, et garde d'une main ma poussette pliée, au cas où je refuserais d'entrer dans un endroit, ou si une crise d'épilepsie survient. Ce n'est pas simple, crois-moi, de marcher en me tenant d'une main et, de l'autre en tirant cette lourde poussette. Un gros sac sur le dos. En tout, pour une balade, aller et retour, elle fait tout ça quatre fois. Et je peux te garantir que je ne fais rien, absolument rien pour l'aider. Un vrai pro.

Quand je pense à tout le mal que je me donne pour lui économiser un abonnement à la salle de gym... Franchement, avec mes douze ans et mes trente kilos, qu'a-t-elle besoin de faire de plus ?

Reste allongé au lit, Mohammed, c'est bien mieux.

Je t'embrasse,

Samy

PS : il faut quand même que je t'avoue. Quand maman est obligée de me soulever, j'en profite pour coller mon nez contre son cou. Ça sent si bon...

☆

Mon Samy,

Tu es un coquin. Et ta maman est vraiment courageuse. Tu lui en fais faire des choses. Je comprends pourquoi elle file directement au lit quand elle revient de ses visites chez toi !

Chez moi, en Irak, je faisais du sport aussi. Je n'ai jamais été très musclé ni particulièrement doué, mais je ne détestais pas ça. C'était toujours des moments de gaieté, parce que j'allais jouer au foot, ou alors courir et faire quelques exercices de musculation avec les mêmes amis à chaque fois. On se retrouvait, une fois par semaine, après le travail. Je t'avoue que j'en faisais moins que les autres ; ce que j'aimais surtout, c'était partager ces instants avec mes amis. À toi, je peux le dire : le foot, je n'aimais pas vraiment ça. Même le regarder m'a toujours ennuyé. Pourtant, je jouais, histoire de participer. Mes amis se moquaient gentiment de ma maladresse, mais ne me laissaient jamais sur le banc de touche. L'équipe qui me choisissait devait redoubler d'efforts pour ne pas perdre. Perdre ou gagner, dans les deux cas, moi, je prenais beaucoup de plaisir.

Aujourd'hui, à part marcher toute la journée, fini le sport. Et puis ma jambe est décidément bien longue à cicatriser. Mauvaise alimentation durant trop longtemps ou trop d'exercice, justement, à cause de tous ces déplacements ? Je ne sais pas, mais j'ai hâte de ne plus sentir ce membre douloureux, qui me fatigue. Les médecins disent que c'est en bonne voie. En attendant, j'ai l'impression que mon corps se ramollit. Mais ce n'est pas grave, au fond. Pour quoi, pour qui le préserver ? À quoi ça me servirait aujourd'hui d'être beau ? De toute façon, je ne l'ai jamais vraiment été. Je ne suis pas laid non plus. Banal. Sans importance.

Je t'embrasse,

Mohammed

☆

Salut Mohammed !

Alors quoi ? J'ai l'impression que tu as encore plein de questions dans la tête. Bon, si t'as mal à la jambe, là d'accord, ça doit pas être rigolo. Mais sinon, quand on peut plus marcher, ben, on prend un fauteuil roulant, c'est franchement génial ! Ça va plus vite, c'est plus confortable, on ne se fatigue pas et on peut même faire une petite sieste tout en avançant, puisque si besoin y a toujours quelqu'un pour vous pousser. Moi, je trouve ça vraiment top !

Et puis, si tu veux être beau et en bonne santé pour quelqu'un, t'as qu'à trouver une amoureuse. Il paraît que c'est important et que ça rend heureux.

Pourtant moi, ça me manque pas une amoureuse. J'ai déjà entendu maman s'inquiéter, parce que je n'en aurai sûrement jamais, dit-elle. Qu'est-ce qu'elle en sait, d'abord ? Si j'en veux une, j'en trouve tout de suite. C'est quoi, une amoureuse ? Une fille qui vous dit des mots gentils et vous fait des câlins ? Ben moi, j'en ai plusieurs ici ! Même plein, en fait. Sans compter maman.

Tous les jours, je croise des filles très gentilles. Qui font des caresses en souriant. Il y a les résidentes, sur leur fauteuil, qui ont les yeux qui brillent dès

qu'on les regarde. Je pense pas qu'elles veulent absolument un amoureux avec des tas de muscles.
Et puis les infirmières, les aides-soignantes, qui doivent avoir un cœur gros comme ça, tellement elles s'occupent bien de nous.
Alors vraiment pas de quoi s'inquiéter. Je suis comblé. C'est comme ça qu'on dit, non ?
Je suis sûr que toi aussi, si vraiment tu veux, tu finiras par rencontrer une fille super gentille qui sourit et fait des câlins. T'inquiète pas.
En attendant, je te fais mes bisous à moi. Baveux, parce que j'arrive pas à les faire autrement. J'ouvre la bouche et je la colle à ta joue. Voilà.
Samy

☆

Mon petit Samy,
Merci beaucoup de ce gentil baiser, que je reçois avec plaisir. Tu sembles vraiment bien entouré, j'en suis heureux pour toi.
Pour les amoureuses, tu as raison, ça rend heureux. Mais ce n'est pas vraiment ma préoccupation du moment. On verra plus tard. J'ai déjà trente-sept ans, et ne me suis jamais marié. Je n'étais pas pressé. Et c'est tant mieux. Je n'aurais pas aimé faire vivre à une amoureuse ma situation actuelle. Pourtant, j'espère un jour avoir une famille.

Ma famille. Et des enfants. Surtout depuis que je te connais. Des enfants gentils, vifs et drôles comme toi. Avec qui je me sentirais bien, comme avec toi. Je réalise qu'en te répondant, je fais des projets. Cela faisait bien longtemps. Merci.
Au fait, tu sais ce que c'est, toi, le 8 mars ? En as-tu jamais entendu parler ? Je ne suis pas certain d'avoir tout bien saisi. Il faut que je te raconte, ça va m'aider à remettre mes idées en place. Et visiblement ta mère s'est bien amusée, alors pour une fois, c'est moi qui vais te raconter quelque chose de léger.
Voilà. Quand je suis rentré hier soir, comme d'habitude, après avoir salué toute ta famille, je suis allé me reposer un peu dans ta chambre jusqu'à ce que Marco vienne me chercher pour me faire réviser mon français. Et puis ta mère nous a appelés pour le dîner. À table, nous étions tous là : ta mère, ton beau-père, Marie, Marco et moi. Conversations « normales », à l'aide désormais de Googletranslate, qui décidément ne traduit rien normalement.
Eh oui, on a finalement pensé à utiliser nos téléphones portables pour se parler. Mes progrès en français sont trop lents. Alors, on attrape nos téléphones, et devant le micro, chacun dit sa phrase. Puis on attend la traduction de Google. Au début, on était fiers de cette idée qui allait

simplifier nos échanges. Mais le résultat est souvent douteux. Ce qui mène à des quiproquos comiques. Pourtant, même si ce n'est pas très efficace, on continue.
Hier, par exemple, j'ai voulu demander à Marie si sa journée de classe s'était bien passée, je ne sais pas ce que mon téléphone lui a traduit, mais elle a fait une drôle de tête et moi, quand j'ai eu sa réponse, ça m'a donné : « Oui, oui, je te trouve très beau... » Mine tout aussi ahurie de ma part, j'ai donc secoué la tête en souriant, ils ont compris que le message n'était pas passé. Ça nous a fait rire, on s'est amusés tout le repas à s'envoyer ainsi des messages qui faisaient une conversation complètement absurde :
– Marco, merci pour ton aide en français hier, j'ai mieux suivi le cours aujourd'hui.
– Euh, oui, bien sûr que je suis sorti aujourd'hui... Pourquoi ?
– Non, je parle de mon cours de français.
– Tu veux qu'on aille se promener après le dîner ?
– Je voudrais bien vous faire à manger samedi soir.
– D'accord, tu peux prendre la salle de bains en premier.
Tu vois, j'ai progressé, maintenant j'arrive à m'amuser vraiment avec ta famille ! Je ne comprends toujours pas grand-chose, mais je le supporte bien mieux. Rire ensemble, ça rend tout plus facile.

À un moment, alors que Richard était en train de débarrasser le plat et que Marco allait chercher les assiettes à dessert, ta maman me dit quelque chose, qui fait référence au 8 mars. Je ne comprends pas. Elle me montre Marie, assise, se désigne elle-même, assise aussi, et avec un grand sourire me fait signe de me lever. Richard se retourne et me fait le même signe. Marco, lui, lève les mains, façon « y a rien à faire, obéis ». Je ne comprends toujours pas. Normalement, j'aide à la fin du repas, quand il faut tout débarrasser et que tous se lèvent en même temps. Pour une fois, Google vient à ma rescousse : « Le 8 mars, c'est la journée de la femme. » Il arrive que Google vise juste. Je ne connais pas cette journée particulière. Sans comprendre ce qu'on attend de moi, je me lève, puisque c'est ce qu'ils veulent tous. À peine debout, Marie me met un plat dans les mains et m'indique l'évier. Elle est morte de rire. Ta maman, elle, applaudit des deux mains. Richard me lance un clin d'œil. Je commence à saisir ce qu'il se passe. Si j'ai bien compris, quand c'est la journée de la femme, ce sont les hommes qui s'occupent de tout ? Je suis un peu surpris, mais je veux en savoir plus. Alors ils s'y mettent tous, dans une joyeuse cacophonie, pour m'expliquer.

– Tu vois, chaque année, il y a une journée dédiée aux femmes. Pour leur montrer notre reconnaissance,

pour les respecter, pour leur reconnaître leurs droits.
– Ce jour-là, dit Marie, nous, on a tous les droits ! Alors ce soir, c'est papa, Marco et toi qui débarrassez. Nous, on fait plus rien.
Je t'épargne les étapes laborieuses qui m'ont permis de comprendre tout ça. Mais, en gros, c'était le principe. J'ai trouvé que c'était une bonne idée. Si j'avais eu connaissance de cette journée spéciale, j'aurais aimé agir de même avec ma mère, lui dédier cette journée. M'occuper d'elle, lui montrer ma reconnaissance. Je l'ai fait par la pensée. Je vais essayer de l'appeler demain, pour lui raconter.
Richard et Marco servaient les deux filles avec tellement de plaisir et d'amusement que c'en était contagieux. Nous trois avons donc débarrassé, fait la vaisselle et servi la tisane dans le salon, pendant que Marie et ta maman commentaient en riant. À entendre le ton des réactions de Richard et de ton frère, il y avait beaucoup de moqueries dans l'air. Ou plutôt de plaisanteries, parce que l'ambiance était charmante.
J'espère que de ton côté tu as été gentil avec toutes les aides-soignantes de l'hôpital, qui s'occupent si bien de toi.
Je t'embrasse,
Mohammed

☆

Bonjour Mohammed,
Bien sûr que j'ai été gentil ! Je le suis toujours, tu sais. Surtout que je les aime beaucoup, mes aides-soignantes. Quand elles ont le temps, elles me laissent monter sur leurs genoux pour un petit câlin. Et même quand elles n'ont pas le temps, d'ailleurs. Elles travaillent sans arrêt. Mais elles s'occupent bien de nous. Et puis ce sont elles qui changent mes couches quand même !
Oui, je suis très au courant pour cette fameuse journée de la femme, parce que maman m'a tout raconté, figure-toi. Elle est venue me voir cette semaine, tu dois le savoir. Et cette soirée l'a beaucoup amusée. T'expliquer ce que signifiait cette fameuse journée et guetter tes réactions ont été le centre de l'affaire. Et il paraît que tu t'en es super bien sorti. Tu veux savoir tout ce que maman m'a dit ? Allez, je suis sûr que oui...
On se promenait dans le jardin de l'hôpital et on s'est installés sur notre banc préféré. Moi sur ses genoux. J'aime bien parce qu'elle me dit plein de choses dans l'oreille. C'est très spécial, les histoires de maman soufflées dans l'oreille. Elle chuchote, et le son fait comme un frottement, et moi ça me fait des frissons. Elle fait très attention, parce que

j'ai l'oreille particulièrement sensible. J'entends des sons que les autres en général n'entendent pas. Surtout à l'oreille gauche. Le plus souvent c'est désagréable, parce qu'il y a des sons laids, des sons qui font mal, qui entrent par mon oreille et me vrillent le cerveau. Alors le plus souvent je bouche cette oreille. Je marche, et à l'aide de mon index recourbé, je soulève le lobe de mon oreille et j'appuie bien fort dessus, de façon à ce qu'il bouche le conduit. Ça me donne une démarche encore plus particulière, mais ça fait moins mal. Et je ne fais ça que quand je suis très sensible : après une crise d'épilepsie, par exemple. Tu verrais, j'ai une drôle d'allure : la tête penchée sur le côté, pour ne pas avoir à lever le bras trop haut, je pousse le lobe sur l'oreille, et j'avance en traînant la patte gauche, parce qu'elle fonctionne mal après les crises. Mais comme ça, moi je me sens super bien. Seul avec maman, c'est différent : elle parle tout doucement pour moi. Oh pardon ! Je te fais attendre.

J'étais donc sur le banc et maman me chuchotait :

– Tu te souviens de Mohammed, Samy ? (Tu parles que je me souviens !) La semaine dernière, c'était le 8 mars, un jour très spécial pour toutes les dames. Alors, pendant le dîner, avec Marie on a essayé de lui expliquer. Je ne crois pas qu'il connaissait mais nous, on en a profité pour ne rien faire à la maison !

C'était génial, Richard, Marco et Mohammed nous ont servies toute la soirée.

– Hanhanhan... j'ai dit, histoire qu'elle comprenne que j'étais bien à l'écoute.

– Mais tu n'as pas encore eu le fin mot de l'histoire. Le lendemain, Richard avait une soirée avec des amis, à l'extérieur. J'en ai profité pour inviter des copines. J'ai fait dîner Marco très tôt, et il est monté dans sa chambre. Mais il y avait aussi Mohammed, à qui je n'étais pas parvenue à faire comprendre que nous ne dînerions pas ensemble, même si j'étais à la maison. C'était délicat. Alors, pour que Danou, Juju et moi on ne le dérange pas trop, avec ta chambre à côté du salon, j'ai préparé des plateaux-repas, et avec les filles, nous sommes montées dans ma chambre. Ne t'inquiète pas, j'en avais aussi préparé un pour Mohammed, que je lui ai déposé sur la table. En lui faisant signe que nous montions, et que Marco était déjà dans sa chambre. Je crois que ce n'était pas clair pour lui, il a eu l'air un peu désemparé. J'étais gênée, mais j'avais vraiment envie de cette soirée entre copines, et je ne pouvais quand même pas l'inviter. On a passé une super soirée, installées en tailleur sur le tapis de la chambre, avec des bougies, nos verres de vins et nos plateaux. À un moment, je suis redescendue à la cuisine chercher le dessert. Pour ne pas faire de bruit, je marche

sur la pointe des pieds et au moment où j'arrive au pied de l'escalier, qui je vois ? ... Mohammed, avec un bouquet de fleurs à la main ! Tout rouge, en souriant, il me l'a tendu : « Journée femme. 8 mars »...
Maman a fait une pause. Elle était en train de revivre la scène je crois. Moi, je ne bougeais pas. Je voulais entendre la suite.
– Je n'en revenais pas ! Il avait tout compris ! J'étais tellement émue de sa délicatesse que je ne savais plus quoi dire. Je crois que j'ai rougi moi aussi. Les filles ont entendu et sont sorties l'une derrière l'autre de la chambre. Tu vois la scène ? Mohammed au pied de l'escalier, moi sur la première marche, lui me tendant des fleurs, tous les deux rouges de gêne et d'émotion. Elles étaient mortes de rire, les copines ! Ce qui a fait rougir un peu plus Mohammed. Que j'ai chaleureusement remercié. En tout cas, il m'a impressionnée...
Tu ne m'avais pas raconté tout ça, cachottier ! Je crois que tu as marqué des points ce soir-là... Et moi, je savais déjà que tu étais quelqu'un de bien. Je sens vite ces choses-là. On dit que le handicap c'est des trucs en moins, ben moi, je vois surtout qu'on a un truc en plus, qui nous dit des choses que vous savez pas. Je ne m'étais pas trompé ! En tout cas, je suis content que tu aies fait plaisir à maman.
Je t'embrasse,
Samy

☆

Mon petit Samy,
Je suis heureux que ta maman ait apprécié mon geste. Infiniment.
Ces derniers jours m'ont donné l'impression d'avoir un peu trouvé ma place dans la famille. Je me sens moins « invité », plus à l'aise. Tu vois, je n'oublierai plus jamais ces mots : « journée » et « femme ». C'est plus facile de retenir les mots nouveaux quand ils sont associés à un moment vécu. C'est pour ça aussi qu'il faut que je trouve vite un logement, un travail. Me relancer dans la vie active me fera progresser plus vite. Je suis bien ici, chez tes parents, mais il va bien falloir en partir un jour, et me construire un vrai « chez-moi ».
J'ai appelé ma mère. Nous avons réussi à nous parler sans coupure pendant quelques minutes. Je l'ai rassurée sur l'état de mon frère, c'était important. Et puis je lui ai dit que je l'aimais, que je la remerciais de tout ce qu'elle avait toujours fait pour moi, pour nous tous. J'ai bien senti qu'elle était un peu étonnée, on ne s'épanche pas comme ça d'habitude dans la famille. Alors je lui ai expliqué ce qu'était la journée de la femme et promis que, désormais, chaque 8 mars, je penserai fort à elle.

Et surtout, je lui ai dit que j'allais bien. Et cette fois, j'étais sincère. Je me sens de plus en plus capable. Je commence à mieux connaître Paris, à avoir des repères, des connaissances.
Je me sens tellement moins fatigué ! Du coup, je sors vraiment plus souvent de ta chambre, de ton lit. Ne crois pas que j'ai moins envie de te parler, au contraire, tu comptes beaucoup pour moi, mais je peux dorénavant sortir, m'occuper, affronter les regards sans ce poids qui me pesait, qui alourdissait mes pas. Oui, c'est ça, je me sens plus léger. Il est temps, non ?
Je crois que tu peux être fier de moi, petit Samy.
Et moi, j'ai envie de te serrer dans mes bras. Très fort, comme tu aimes. Alors, je le fais, là tout de suite, par la pensée.
Tu le sens ?
Mohammed

☆

— On part pour le week-end, Mohammed. Demain matin très tôt. Donc demain soir, samedi et dimanche, on ne sera pas là. Marie est chez sa maman, Marco est chez mes parents.

Églantine montre le calendrier de la cuisine à Mohammed. Elle entoure les jours à venir. Pointe Mohammed du doigt.

— Toi ici. Richard, Marco, Marie, moi, pas là.

Elle fait bouger son doigt de droite à gauche.

— D'accord. Pas problèm.

— Tu as compris ? C'est sûr ?

Méfiante, elle lui fait signe de la suivre dans l'entrée.

— Je te laisse ces clés. C'est pour toi pour le week-end. Je les dépose ici, tu les prends quand tu pars demain. On revient dimanche soir.

Jusqu'ici, il n'avait jamais été nécessaire de faire des clés pour Mohammed. Il partait tôt, rentrait après tout le monde. Ce sont celles de Marie que lui confie Églantine.

Mohammed confirme de la tête qu'il a compris.

— J'ai fait les courses, le frigo est plein, tu prends ce que tu veux, OK? ajoute-t-elle en désignant le réfrigérateur.

— Pas problèm.

— S'il y a le moindre souci, tu m'appelles. Ou tu vas chez Amelle, la voisine au fond de la cour. Si problème, téléphone ou Amelle, d'accord?

— D'accord, pas problèm.

— Parfait! Bonne nuit et bon week-end, Mohammed. À dimanche soir.

Églantine va se coucher, rassurée. Les trois jours à venir vont être longs. Elle va travailler entre Lille et Amiens. Richard en profite pour aller rendre visite à ses parents, en Vendée. Son train part à l'aube. C'est la première fois qu'ils laissent Mohammed seul à la maison. C'est un adulte, elle ne devrait pas s'inquiéter, mais la communication incertaine entre eux la fait toujours douter.

Le lendemain soir, après une intense journée de tournage, toute l'équipe se détend dans un restaurant. L'ambiance est festive, la musique à fond.

Vers vingt-trois heures, alors qu'elle enfile son manteau pour rentrer à l'hôtel, elle sent son téléphone vibrer dans sa poche.

Une vingtaine d'appels. Autant de notifications. Pas de messages. C'est Mohammed. Il a tenté de la joindre toute la soirée. Merde ! Que se passe-t-il ?

Elle rappelle immédiatement. Et tombe sur sa messagerie.

— Allô, Mohammed ? C'est moi, Églantine. Tout va bien ? J'ai mon téléphone maintenant, rappelle-moi !

Inquiète, elle attend. Mais son téléphone reste silencieux. Elle décide d'essayer avec Richard. Peut-être a-t-il parlé avec Mohammed ?

— Allô Richard ? Ça va ? crie-t-elle dans le combiné pour couvrir le bruit de la musique… Oui, désolée, je te rappelle plus tard plus tranquillement, mais je veux juste savoir. Est-ce que Mohammed a tenté de te joindre ?

— Oui. Mais je m'en suis rendu compte trop tard. Je n'avais pas gardé mon téléphone sur moi, j'étais à table avec mes parents. J'ai essayé de le rappeler, mais je suis tombé sur sa messagerie.

— Moi pareil. C'est bizarre… J'espère qu'il n'y avait rien d'urgent… Attends, j'ai un double appel !

Sur son écran s'affiche le nom de Mohammed.

— C'est lui ! Je te rappelle !

Elle raccroche et décroche l'appel de Mohammed.

— Allô, Mohammed ? crie-t-elle en s'éloignant vers la porte de sortie. Attends, je ne t'entends pas bien.

J'arrive. Mohammed, tu m'entends ? Ne raccroche pas.

— Allô. Églantine ?

Elle est sortie dehors. Un froid glacial la saisit. Elle remonte son col, ajuste la capuche de son manteau et reprend la conversation.

— Tout va bien, Mohammed ?

— Personne dans maison.

— Oui je sais. On t'a expliqué. Nous ne sommes pas là ce week-end.

— Personne ?

— Non, personne !

Églantine sent son inquiétude monter d'un cran.

— Mohammed, tu es où là exactement ?

— … ?

— Mohammed ! reprend-elle. Toi, où ??

— Pas clé.

— Tu n'as pas la clé ?! Mais je te l'ai laissée avant de partir !

— Pas clé…

— Oh non ! Et tu es dehors, là, c'est ça ?

— Pas comprendre…

— Oh m… ! Pas dans la maison ? Dehors ?

— Dehors oui. Pas maison. Personne. Pas clé.

Dehors, en pleine nuit, sans personne pour lui ouvrir. Églantine réfléchit à toute vitesse. Marco est parti avec ses grands-parents, à la campagne également.

Tous ceux qui pourraient avoir une clé et lui ouvrir sont loin. Personne à Paris.

Une seule solution : demander à sa voisine de l'accueillir. Délicat, mais elle n'a pas le choix.

— Mohammed, ne bouge pas, je te rappelle dans un instant, d'accord ? Reste là. Devant la maison. Attends ! Tu comprends ? Je vais trouver une solution. Attends.

Elle doute. A-t-il bien compris le message ? Ne pas prendre de risque. Elle insiste :

— Mohammed. Téléphone. Je te téléphone, à toi. Dans cinq minutes. Toi, tu restes devant la porte de la maison.

— Pas problèm.

Églantine raccroche, pas très rassurée.

— Ça va, Églantine ? demande son équipe qui vient de la rejoindre.

— Non pas trop. C'est la merde. Vous vous souvenez, je vous ai parlé du réfugié irakien que nous avons accueilli à la maison ? Eh bien, pour la première fois on l'a laissé seul ce week-end. Il n'a pas de clé d'habitude, puisqu'un de nous est toujours là quand il rentre. Là, je lui en ai laissé une dans l'entrée, je lui ai tout bien expliqué, je croyais que c'était clair. Mais non. En fait, il n'avait pas compris. Et il n'a pas pris la clé en partant ce matin. Et maintenant il est devant la porte de l'appartement, à presque minuit, avec personne pour lui ouvrir. L'angoisse. En plus, déjà qu'on se comprend mal en face-à-face, alors là, au téléphone, je vous raconte pas !

— Mais tu ne connais pas quelqu'un qui peut lui parler dans sa langue ? L'association qui vous a mis en relation ?

— Je n'ai pas le téléphone de l'interprète sur moi. Et puis à cette heure-ci, un vendredi soir… ? Non, avancez sans moi, je rejoins l'hôtel de mon côté, là il faut que je passe quelques coups de fil.

— OK. Si on peut faire quelque chose, dis-nous ! Et tiens-nous au courant.

Églantine rappelle Richard.

— Ça y est je l'ai eu. C'est bien ce que je pensais, il est tout seul, sans clé, devant la porte. Tu crois que je peux demander à Amelle et Christophe de l'accueillir chez eux pour la nuit ? C'est gênant quand même…

— On n'a pas le choix. Vas-y, appelle-les, en espérant qu'ils ne soient pas déjà couchés. Moi, j'essaie de joindre le gardien, au cas où…

— OK. On se rappelle.

Elle compose le numéro d'Amelle.

— Allô ? Amelle ! Super, tu réponds !

— Ça va ? Il est tard…

— Oui, désolée… Écoute, je suis vraiment super gênée de te demander ça, mais je n'ai aucune autre solution…

Églantine explique rapidement la situation.

— Évidemment, je l'accueille ! dit Amelle. Je sors tout de suite voir devant ta porte. Attends, ne quitte pas… le temps d'enfiler un pull et un manteau. En plus, il neige, là…

Mais, quand Amelle arrive devant la porte de l'appartement, il n'y a personne. Nuit noire.

— Mais où est-il passé ? !

— Je ne sais pas. Tu ne veux pas essayer de lui téléphoner, toi ? Vous aviez bien réussi à vous comprendre un peu tous les deux… Moi je ne parle pas un mot d'arabe. Et il ne comprend rien à ce que je lui dis.

— Envoie-moi son numéro, je l'appelle.

Quelques minutes passent. Amelle rappelle.

— Alors ?

— Il a répondu. Il est dehors, il marchait dans la rue, il repartait, mais je ne sais pas bien où. Je lui ai dit de revenir, que je l'attends. Tout va bien. Ne t'inquiète pas, on s'en occupe.

— Merci, t'es géniale ! Merci beaucoup. Seulement, il va falloir que tu le gardes deux jours, parce que personne ne sera rentré avant…

— T'inquiète, j'avais compris…

Après avoir remercié de nouveau et raccroché, rappelé Richard, Églantine, soulagée, reprend le chemin de l'hôtel. Elle a hâte de se coucher, avant de reprendre son tournage, tôt le lendemain matin, et d'enchaîner avec une visite de son fils dans le Sud.

Mais, à peine s'allonge-t-elle sur le grand lit de la chambre d'hôtel, que son téléphone sonne à nouveau. Allons bon, qui est-ce encore ?

C'est Amelle.

— Églantine, désolée, mais j'attends toujours Mohammed. Il n'est pas revenu, et il ne répond plus au téléphone.

Mohammed a disparu, pense Églantine.

☆

Hé ooh ! Mohammed ?

Mais qu'est-ce que tu fabriques ? Tout le monde s'inquiète, là ! Tu es au centre d'une foule de conversations téléphoniques dans toute la France ! Maman est arrivée chez moi dans le Sud, Richard en Vendée, Amelle à Paris, Marco en Bourgogne, moi ici, et on te cherche tous.

Maman passe son temps au téléphone au lieu de me raconter les jolies choses habituelles qu'elle me souffle dans l'oreille. Elle est vraiment inquiète, tu sais. J'aimerais la rassurer, mais je ne sais pas bien m'y prendre. Moi, je suis tranquille, je sais que tu ne ferais pas de bêtise, et que tu vas revenir tranquillement.

Tu as fait comme moi, c'est ça ? Sur ton chemin, tu as vu quelque chose qui t'a plu, et tu as suivi ? Tu en profites, et tu as oublié tout le reste. Tu as raison, c'est si simple. Moi, un jour, on était à la campagne chez mes grands-parents, et personne ne voulait sortir parce qu'il pleuvait. On m'avait laissé me reposer dans ma chambre. Mais moi, comme tu sais, j'adore aller me promener, et puis la pluie je trouve ça super agréable. Surtout quand il a fait bien beau avant, comme en été. Ça fait ressortir les odeurs du bitume, celles de la terre, des odeurs toutes chaudes, comme si elles sortaient du four. Et puis si on aime bien prendre une douche, je vois pas pourquoi on n'aime pas prendre la pluie. C'est bizarre quand même, tu trouves pas ? En tout cas, moi, j'en avais assez de rester enfermé avec personne qui voulait m'emmener dehors. Et comme je connais par cœur la maison et le jardin, ben j'y suis allé tout seul. Maman était dans le salon, Mabel, mon éducatrice, se reposait un peu, Papoun et Mamoun finissaient leur café. Et la porte de l'entrée se ferme mal, c'est une chance ! Alors je suis sorti de ma chambre, j'ai posé la main sur la poignée de la porte, j'ai à peine eu besoin de la toucher, elle a bougé et la porte s'est ouverte. Je voyais les gouttes de pluie dehors, toutes jolies, qui laissaient passer la lumière à travers, et qui arrosaient la pelouse. C'était super attirant ! Il y avait le petit escalier devant moi, je pourrais le descendre les yeux fermés, je l'ai déjà pris tant de fois, alors je n'ai pas hésité. Normalement, quand je connais mal un lieu, je n'aime pas, je ne peux rien faire tout seul parce que c'est effrayant l'inconnu, tu vois. Je t'ai dit que je ne voyais pas bien en trois dimensions ? Enfin, c'est ce que dit maman aux autres lorsqu'ils s'étonnent que j'aie du mal à franchir certains paliers. Trois dimensions, je ne sais pas ce que ça veut dire, ce qui est sûr, c'est que sur les sols, y a toujours plein d'ombres, puis des lumières, et encore des ombres, parfois des formes, mais à cause de toutes ces ombres, je ne sais jamais si ça descend, si après y a du vide, ou si c'est plat. Alors je freine. J'avance un pied tout doucement, j'ai un peu peur qu'il soit obligé d'aller loin avant de toucher à nouveau le sol, j'essaie de me tenir à la main de maman, on ne sait jamais, je ne veux pas trébucher. Et, quand je suis sûr qu'il y a bien quelque chose de dur sous mon pied, j'y vais. J'avance. Mais là, ce petit escalier, je sais comment le prendre, je connais chaque marche, sa hauteur, sa forme. Pareil pour toute la maison de mes grands-parents. Est-ce que, toi aussi, il y a des lieux que tu revois tout le temps et ça te rassure ? Donc je suis descendu, en m'appuyant sur la rambarde. Et je suis arrivé sur la pelouse, avec la pluie qui tombait sur moi.

C'est délicieux, tous ces picotements de l'eau sur ma peau ! Ça fait *pic, pic, pic*, comme un frétillement, mais très rapide, et qui recommence sans cesse. Je la sens sur mes bras, sur mon visage, et sur ma tête. Et c'est différent partout. Sur mon bras, ça tapote bien droit, c'est une sensation franche, directe. C'est précis, et je ressens fort la pluie. J'aime bien. Sur mon visage, les picotements m'ont à peine effleuré qu'ils glissent sur ma peau, et ça fait comme une caresse toute légère. Et sur ma tête, ça c'est le meilleur. Comme j'ai beaucoup beaucoup de cheveux, comme maman et Marco, c'est encore plus léger. Je sens à peine les gouttes, alors je dois me concentrer bien fort pour les sentir, et là, ça finit par me faire des petits frissons. C'est super rigolo ! Ça me fait penser à la « machine à bisous » de maman. Marco et moi, on a toujours adoré ça. Maman demande : « Qui veut la machine à bisous ? » Et elle se jette sur nous, en nous couvrant de baisers à toute vitesse, sur les joues, le cou, la tête, les yeux, et elle recommence jusqu'à ce qu'on n'en puisse plus de rire. Du coup, la pluie, c'est comme ma machine à bisous de mauvais temps.

Tu comprends pourquoi j'ai voulu en profiter encore et continué à avancer ? J'ai traversé la cour, sans plus penser à rien d'autre qu'à la gentille pluie qui me massait partout, et je l'ai suivie. Ça aussi, c'est marrant, suivre la pluie. Y en a devant, derrière, sur les côtés, partout, mais y a forcément un début et une fin. Alors j'aime bien la suivre pour en profiter au maximum et voir où ça s'arrête. Dans ces cas-là, j'oublie tout. Donc j'ai avancé, avancé encore. Et au bout d'un moment, qui a dû être long, vu la distance que j'avais parcourue, ce sont des cris qui m'ont sorti de ma concentration spéciale pluie.

– Samy !!! Il est là !! Tout va bien, je l'ai trouvé ! Samy, arrête-toi !

– Mais c'est dingue, comment il a fait pour arriver jusqu'ici ? Qui n'a pas fermé la porte ? Qui était sorti le dernier ?

Personne n'a jamais la réponse à cette question, ce qui m'arrange bien.

Et toi alors ? Tu reviens vite me raconter ce qui t'a attiré loin de la maison ? En tout cas, j'espère que tu n'es pas déjà parti habiter ailleurs, parce que j'aimerais pas ça. Pas tout de suite. J'ai encore plein de choses à te raconter, moi !

J'ai hâte !

Je t'embrasse bien fort,

Samy

☆

Mohammed,

Tu n'es toujours pas rentré et tu ne me réponds pas. Mais je viens te parler quand même. Ça me manquerait sinon. Je me suis habitué à toi, tu sais ?

Je ne sais toujours pas ce qui t'est arrivé, mais même si tu as fait quelque chose de pas bien et que tu n'oses pas rentrer, eh bien tu devrais rentrer quand même. C'est pas grave. Tout le monde finit par oublier. Toujours. Regarde, moi. Je ne suis pas facile tout le temps avec maman, et pourtant elle revient me voir. Et des fois, je lui en fais baver ! Et puis, d'autres fois, c'est elle qui n'est pas très gentille. Et elle le sait. Elle en parlait hier avec mon éducatrice. Elle lui a raconté notre après-midi. Je ne sais pas ce qu'elle avait, mais elle n'a pas été très résistante, maman. Bon, d'accord, j'étais d'humeur... pas dans un bon jour, on va dire. Mais tout le service était sens dessus dessous, tout le monde bougeait trop vite, parlait fort et, vraiment, ils étaient embêtants tous, à râler pour un oui ou pour un non ! Depuis que la direction a annoncé qu'il y aurait des changements dans l'organisation, tout le monde fait la gueule. Faut croire qu'ils sont comme moi, ils aiment bien leur routine. Ça m'étonne, parce que, normalement, ils disent détester cette routine.

Les aides-soignants, les infirmières, ils se plaignent tous tout le temps de leur emploi du temps, ils réclament du changement. Et, quand le changement arrive, ben, ils sont pas d'accord. C'est bizarre, pourquoi mentir alors ? Moi, je sais bien que j'aime quand les choses ne changent pas. Et je le fais savoir, je ne m'en prive pas ! C'est quand même mieux que toute cette nervosité rentrée. Ils ne disent rien, mais nous, comme tu sais, on sent bien que quelque chose ne tourne pas rond. On est des vraies éponges à émotions. C'est amusant, quand j'y pense. Vous, vous avez cinq sens qui fonctionnent parfaitement. Il paraît. Ben, nous, y en a qui voient pas bien, y en a qui n'entendent rien, d'autres ne supportent pas certaines textures dans leur bouche, beaucoup ne marchent pas, et pourtant, le sixième sens, eh ben, c'est notre premier ! Celui qui nous dit tout. Si vous allez bien, s'il va pleuvoir, faire trop chaud, si quelqu'un est malade, triste et va pleurer et surtout, surtout, si vous êtes énervés mais que vous voulez pas le dire. On le sait tout de suite. Bien avant vous ! C'est pour ça que, des fois, personne ne comprend nos crises de nerfs. Quand vous ne voulez pas dire que vous êtes mal, nous on le fait pour vous. Moi, je m'énerve très fort, en me tapant. Histoire d'évacuer toute l'angoisse et le stress que je ressens autour de moi. Tous ces bruits, odeurs,

lumières qui m'agressent quand ils sont en trop grand nombre et trop longtemps. Ça marche bien, tu sais. Cela dit, maman n'aime pas trop.
Hier après-midi, quand elle m'a emmené en balade, j'ai fait sortir toute la mauvaise ambiance du service que j'avais en moi. Et puis, je dois t'avouer qu'y avait pas que ça. J'ai un peu peur que tu partes vraiment. À qui je vais parler si tu es parti ? Y a que toi qui m'écoutes. Tu es peut-être parti faire plein de choses que je peux pas faire ? Et si tu me racontes pas, je saurais jamais rien de ces choses sûrement belles ? Finalement, des fois, c'est pas le top d'être coincé dans le handicap.
En plus, elle avait l'air fatiguée, maman, et je voulais une balade en voiture. Mais elle n'était pas d'accord. J'aime pas quand elle est fatiguée. Moi, je suis tout content de la retrouver, oui, c'est vrai, je ne le lui montre pas toujours, mais je suis vraiment content. Elle sait bien pourtant qu'il me faut du temps ! Mais hier, elle n'avait pas envie d'attendre. Elle ne m'a pas laissé le temps de la voir venir, elle m'a embarqué direct dans la poussette pour sortir. Le service d'abord et après maman, ça faisait beaucoup. Alors j'ai crié, je me suis tapé. Très fort, avec les deux poings, sur les joues. Je ne m'arrêtais que quand maman faisait rouler la poussette. Parce que ça me fait du bien. Dès qu'elle ralentissait, faisait

mine de vouloir une pause, je retapais. Et encore. Et encore. Maman déteste ça, je le sais. Mais moi, quand je m'emballe, je ne peux plus redescendre. La seule solution, c'est de me ficher la paix, ne pas me parler, baisser la lumière, me laisser dans l'endroit le plus « contenant », ma chambre, ou la voiture, seul avec moi-même, sans rien du dehors. Rien. Silence quasi aveugle. Rien qui dérange mes sens à vif. Tant pis si je me tape fort. Je finis par arrêter si je n'ai plus de spectateurs. Leur présence m'énerve encore plus. Le hic, c'est de supporter l'idée de me laisser seul dans cet état. De toute façon, on ne peut rien faire de moi, c'est comme si je n'étais plus là, même avec maman. Tellement absorbé par ma propre crise de nerfs que je ne vois plus rien. Alors quand je l'ai entendue hier raconter à l'éducatrice, j'ai été surpris ! Elle disait :

– J'ai craqué. J'ai vraiment craqué, je n'en pouvais plus. Il n'arrêtait pas de hurler et de se frapper, j'ai arrêté la poussette, je l'ai planté là, et je suis partie quelques mètres plus loin. Me boucher les oreilles, et pleurer un bon coup. Respirer, reprendre de l'énergie, quoi. Je le voyais de loin, super énervé parce que la poussette ne bougeait plus, il se tapait de plus belle, mais je ne pouvais pas le rejoindre. Je ne pouvais plus.

Ça n'arrive presque jamais, que maman dise des trucs comme ça. Alors j'ai ouvert grand mes oreilles. Caroline, mon éducatrice du Sud, l'a rassurée :

– C'est pas grave, ça peut arriver. Je le connais, Samy, dans ces cas-là, rien à faire que le laisser tranquille au calme, en attendant que la crise passe.

– Je sais, mais on fait comment pour le laisser seul au calme dans un service bourré de gens qui parlent fort, qui passent devant sa porte ouverte, et avec les bruits des autres enfants de sa chambre ? C'est impossible ! J'en peux plus ! Je rêve d'une vraie maison où ils ne seraient que quelques-uns, chez eux, avec des gens qui ont le temps de les comprendre, c'est pas compliqué ! ... Excuse-moi. Je suis désolée. Je suis crevée, et là, je n'arrivais plus à penser. Il a bien fallu que je réagisse, parce qu'à un moment, j'ai vu un infirmier passer. Il se promenait. Et il tombe sur Samy, seul dans sa poussette, en pleine crise de nerfs. Avec ses gants de boxe, que j'avais quand même pris la peine de lui enfiler. Tu aurais vu sa tête ! Évidemment, il cherchait des yeux qui accompagnait Samy. Je me serais bien cachée, mais pas moyen. Bref, il a fini par m'apercevoir. La honte. J'ai rappliqué. Mais je t'avoue que j'ai hésité une seconde à me faire passer pour une inconnue. J'aurais pris un air choqué que cet enfant soit laissé seul et il aurait été obligé de s'en occuper !

Là, maman m'a quand même regardé.
– Mais je serais très vite revenue te chercher, mon amour, promis !
Quoi ? Maman aurait osé me laisser comme ça ? M'abandonner ? Je n'ai plus aucun souvenir de cette crise d'hier, mais ce qui est sûr, c'est que je vais la taquiner un peu, maman. Pour lui faire payer cette vilaine pensée. Tiens, j'ai une idée : ce soir, je lui fais la totale ! Un rire, une main dans ma couche sale, un sourire, une main dans ma purée. J'adore mettre mes mains partout où il faut pas...
Tout ça pour te dire que maman me pardonne et moi je lui pardonne aussi. Toujours. Tu vois, tu peux revenir maintenant ! Tu nous manques...
Samy

☆

Trois jours sans nouvelles… Il a fallu trois jours à Mohammed pour revenir à la maison. Il est réapparu, le quatrième soir, vers dix-neuf heures. Timidement, il a sonné à la porte. C'est Marco qui a ouvert.

— Mohammed !!! Maman, Richard, c'est Mohammed, il va bien ! Venez !

Des bruits de pas se font entendre. Ça court dans l'escalier.

— Mohammed !! C'est toi ?? Mohammed ! Enfin !! Mais où étais-tu ? Que faisais-tu ? On n'a pas cessé de te téléphoner depuis trois jours !

Mohammed baisse la tête.

— Entre. Allez viens.

Richard écarte les bras pour le laisser passer, l'assurant ainsi que personne ne lui en veut.

Mohammed sourit, soulagé. Ils sont là et n'ont pas changé d'attitude à son égard. Que ces trois jours lui ont paru longs !

Il n'avait pas bien compris ce qu'Églantine avait tenté de lui expliquer avant de partir. Par habitude, parce que c'est épuisant de toujours faire répéter, parce qu'il n'avait pas saisi l'importance du message, il s'était contenté de dire : « Pas problèm. » Quand il était rentré à la maison le soir, après sa longue journée dans les files d'attente des administrations, à Pôle Emploi, dans le métro, il avait sonné, comme tous les soirs, et n'avait obtenu aucune réponse. Il avait insisté. Au bout de la quatrième sonnerie, malgré le froid, il s'était assis sur le banc de la cour, persuadé qu'ils allaient finir par arriver. Ils avaient dû sortir faire des courses. Mais après une bonne heure d'attente, il avait commencé à s'inquiéter. Jamais ils ne l'avaient oublié. Il avait essayé de se rappeler la soirée précédente. Est-ce que c'était ça qu'Églantine avait essayé de lui dire ? Qu'ils ne seraient pas là à l'heure habituelle ce soir ? Elle lui avait montré quelque chose aussi. C'était quoi déjà ? Les clés ! D'un coup l'évidence l'avait frappé. Mais oui, c'était ça ! Les clés ! Il n'avait même pas cherché à comprendre pourquoi elle les lui avait montrées. Il avait supposé qu'elle lui désignait la place où on les range, dans le pot de l'entrée, là où toute la famille mettait les siennes en rentrant le soir. Comme ça, juste au cas où un jour, il en aurait besoin peut-être ? Et puis, au matin, quand il s'était levé, il avait quitté la maison tôt, sans y penser, répétant les mêmes gestes qu'à l'accoutumée. Pourquoi aurait-il pris des clés ? Il y avait toujours quelqu'un à la maison à partir de dix-huit heures.

Maintenant qu'il avait compris, il était trop tard, évidemment. Alors il avait espéré de toutes ses forces qu'ils reviendraient vite, qu'ils n'étaient sortis que le temps d'un dîner. Et il avait attendu. Au bout d'un moment, la peur et l'inquiétude s'étaient emparées de lui. Il était seul, il faisait de plus en plus froid – il avait même commencé à neiger. Une impression de déjà-vu, déjà-vécu lui était remontée dans la gorge. Il est avec son frère, à quelques kilomètres d'une nouvelle frontière. Ils se cachent. Ils attendent un passeur. Ne doivent faire aucun bruit. Pas un son ne sortira de leur bouche tout le temps de l'attente. Des heures. Une solitude et une peur extrêmes.

Non, il doit refouler ces sensations. Ici, il est en sécurité. Personne ne lui veut de mal. Il n'y a qu'un simple malentendu. Si personne ne revient d'ici une demi-heure il essaiera de leur téléphoner.

Il attend encore. Il repousse ce moment, parce que se faire comprendre au téléphone est encore plus compliqué qu'en face à face. Et parce qu'un nouveau sentiment s'est insidieusement installé en lui. La honte. Il a honte de ne pas avoir compris. D'être là, comme un con. De se sentir comme un enfant abandonné. Honte. Tellement honte.

C'est ce qu'il tente de leur expliquer, à tous les quatre, sur le seuil de la maison.

— Moi désolé. Très beaucoup désolé. Pardon.

— Mais pardon de quoi ? C'est nous qui sommes désolés ! Mohammed, on est tellement contents de te revoir sain et sauf ! C'est tout ce qui compte. Tu vas bien, n'est-ce pas ?

Mohammed garde la tête baissée. Ce grand timide n'ose plus les regarder en face, tellement il se sent ridicule.

— Oui, bien… Honte. Pardon.

— Mais arrête, Mohammed ! s'exclame Richard. Viens, assieds-toi, tu vas nous raconter.

Il emmène Mohammed sur le canapé du salon. Églantine prépare un thé. Ce n'est pas l'heure, le dîner est en préparation, mais cela fera du bien à Mohammed, qui a l'air d'avoir affronté mille tourments.

Les explications seront laborieuses. Mohammed parvient à leur faire comprendre que sa honte avait été telle, au moment où il a pris conscience des faits, qu'il s'était enfui. Il n'avait pas attendu Amelle. Il ne voulait pas affronter son regard, sa gentillesse même lui aurait été insupportable. Il la connaissait à peine, elle était venue dîner à la maison deux fois peut-être depuis qu'il était arrivé chez eux, et pourtant elle était prête à l'accueillir chez elle en pleine nuit. Et qu'en penserait son mari ? Cela faisait trop de questions, trop d'inquiétudes, trop de malaises à venir. Le courage lui avait manqué, il avait préféré quitter la cour avant qu'elle ne vienne le chercher.

Il avait erré un moment, sans savoir où aller. Il n'avait pas d'argent pour payer un hôtel, de toute façon il n'aurait pas su s'y prendre, faire la réservation, et qu'aurait pensé le réceptionniste en le voyant, sans bagages et sans mots ? Finalement, il s'était résolu à solliciter les quelques amis réfugiés qu'il avait. Il serait plus aisé de leur demander leur aide. Eux aussi vivaient les mêmes incompréhensions, la même solitude. Il les avait appelés. Bien sûr qu'ils lui offraient de le rejoindre. Ne lui restait plus qu'à retraverser Paris, prendre le RER, au milieu de cette nuit de stress. Une heure de trajet.

À présent, devant les questions inquiètes de la famille, il s'en veut. Mais leurs sourires rassurants, le plaisir qu'ils montrent à le retrouver finissent par avoir raison de son embarras. Le dîner se déroule dans une ambiance joyeuse, comme de vraies retrouvailles. Ça lui fait chaud au cœur.

Enfin, Mohammed peut retourner dans sa chambre.

Au moment d'en franchir le seuil, il hésite. Marque une pause.

Et Samy ? se dit-il. Je l'ai abandonné lui aussi ! Que va-t-il penser de moi ?

— Qu'est-ce qui se passe, Mohammed, ça ne va pas ?

Marco a remarqué l'arrêt soudain de Mohammed devant la porte de la chambre.

— Si, si. Ça va. Coucher. Bonne nuit.

Il entre dans la petite chambre. Si petite et pourtant si agréable. Son intimité, son refuge.

Une vague d'émotion le submerge. Qu'il a hâte de retrouver le petit bonhomme !

☆

Mon petit Samy,

Je suis revenu, enfin ! Et je me sens tellement désolé, un peu bête aussi. Je viens d'entendre tes messages, c'est toi qui as raison : personne ne m'en veut. Que j'ai été stupide ! Doublement stupide. D'abord je n'ai pas compris ce que ta maman avait essayé de me dire. Moi et mes « pas problèm » … Il va falloir que j'arrête avec ça, qu'en penses-tu ? Et après, j'ai eu trop honte de ma bêtise pour revenir. Tu vois, ma timidité, que je voyais un peu comme un bouclier qui me protège, a fini par me jouer un bien mauvais tour. Je m'en voulais tellement de déranger tout le monde que j'ai préféré partir. Ensuite, je n'ai pas pu recharger mon téléphone portable pour répondre aux appels. Je me doutais bien que tes parents me chercheraient, qu'ils s'inquiéteraient. Mais je n'avais pas ma prise, et celles de mes amis n'étaient pas adaptées à mon téléphone. Tout au fond de moi, je sais que c'est une mauvaise excuse. Il suffisait d'aller en acheter une. Mais je sais aussi que je n'aurais pas répondu. Et, les heures passant, mon silence devenait de plus en plus difficile à expliquer.

Il fallait pourtant bien que je revienne à un moment ! Et là, j'ai pensé à toi. Oui, à toi. Toi, tu n'aurais pas hésité. Tu n'hésites jamais.

J'ai suivi ton exemple, j'ai pris mon courage à deux mains et j'ai foncé, comme toi quand tu es parti te promener tout seul sous la pluie chez tes grands-parents. Et me revoilà.

Je suis si heureux de te retrouver. J'espère que tu ne m'en veux pas. Non, je sais que tu ne m'en veux pas. Je te connais bien maintenant. J'ai confiance en toi.

J'ai hâte de t'entendre à nouveau.

Je t'embrasse bien fort,

Mohammed

☆

Bien sûr que je ne t'en veux pas ! Je n'étais pas inquiet, je savais bien que tu rentrerais, je te l'ai dit d'ailleurs. Mais je me suis un peu ennuyé sans toi. Enfin, non, ce n'est pas tout à fait vrai. L'ennui, c'est pas mon truc. Mais ton absence a créé une sorte d'électricité dans l'air que j'ai pas beaucoup aimée.

Enfin, c'est fini. Moi aussi, j'ai des choses à te raconter. Des grandes nouvelles ! Pendant ton absence, maman m'a appris que j'allais déménager. Ça fait des années qu'elle cherche un nouvel endroit pour moi. Un lieu où j'aurais ma chambre à moi tout seul. Et même ma salle de bains rien que pour moi ! Qu'est-ce que je vais en profiter ! Ça sera chouette, j'irai tout le temps.

Moi, je suis content de l'hôpital, mais c'est vrai que, parfois, y a vraiment trop de monde dans ma chambre. Il arrive qu'on soit quatre enfants en même temps. Et ça, c'est dur, parce que ça fait beaucoup de va-et-vient, trop vite pour que je comprenne. Personne ne frappe jamais à la porte pour demander s'il peut rentrer. Ou s'annoncer. Pourtant, ça m'aiderait.

Et puis c'est pas parce qu'on est handicapé qu'on a pas le droit d'avoir une vraie maison comme tout le monde.

Maman m'a montré des images : dans le nouvel endroit, y a un grand salon, suffisamment grand pour que je ne me sente jamais coincé, y a une jolie cuisine même pas fermée, je pourrais aller ouvrir le frigo chaque fois que j'en aurai envie avant que quelqu'un s'en rende compte et, surtout, y a un accès direct au jardin. Ça aussi c'est super chouette. Le salon a une porte, qui reste ouverte si on veut, et on sort sans demander l'autorisation à personne. On revient pareil, dès qu'on a envie. Ici, à l'hôpital, on est au premier étage, alors c'est pas possible. Pour aller se promener, il faut que quelqu'un soit disponible. Je n'aurai même plus besoin de m'agiter sur ma poussette pour obliger quelqu'un à me sortir. Ils vont me trouver vraiment sage là-bas, je crois ! Peut-être que j'irai dehors tout le temps, j'aime tellement ça, être dehors.

Et puis, maman m'a dit : « Tu es grand maintenant, Samy. Tu as droit à un peu plus d'espace, un peu plus d'intimité. Tu n'es plus un bébé. Tu seras bien là-bas. » Tu te rends compte ? Il paraît que je suis grand ! Je ne m'en rendais pas compte. C'est vrai que maman m'appelle souvent « mon bébé », ce qui me dérange pas du tout. En tout cas, grand ou pas, moi, je change rien à mes habitudes ! Musique, gâteaux, lit, poussette, piscine et jardin, voilà ma liste à moi. Et les personnes qui devront s'occuper

de moi dans ma nouvelle maison vont devoir l'apprendre par cœur. Je vais les aider, compte sur moi. Et je leur ferai aussi des câlins et des bisous baveux. Pour en avoir en retour.
Mais ne t'inquiète pas, des câlins, j'en ai plein pour toi aussi. Toujours.
Samy

☆

Grand Samy – puisque c'est ce que tu es désormais, même si, pour moi, tu restes ce « petit bonhomme » qui m'a si bien accompagné ces derniers mois. Tu sais que c'est moi qui ai grandi à tes côtés ? Si, c'est vrai. Alors je vais faire comme toi, moi aussi, je vais déménager. Il est temps. Dans quelques semaines, je vais partir habiter avec mes amis réfugiés. Nous avons trouvé un petit appartement à partager. C'est loin, mais plus proche de l'hôpital où je poursuis les soins de ma jambe. Je serai moins fatigué. Et j'espère toujours ce logement individuel que l'État français m'a promis à mon arrivée. Maintenant j'ai les papiers, le titre de séjour, les droits, tout ce qu'il faut pour mener une vie normale. Et ce n'est pas normal d'habiter ainsi dans une autre famille. Eux aussi ont besoin d'avoir leur intimité.

Je ne veux plus, non plus, faire vivre à tous de nouveaux malentendus. Si je dois me tromper, ça ne doit embarrasser que moi, à l'avenir.
Je leur ai annoncé mon départ hier soir. Ils ont été surpris. Je crois que ta maman pense qu'après l'épisode de la clé, j'ai encore besoin de leur aide. C'est vrai que j'ai fait trop peu de progrès en français, mais, si je reste encore, je vais devenir paresseux. Manquer de raisons de m'affranchir et de me construire cette nouvelle vie à laquelle j'aspire.
Richard, lui, l'a mieux compris. Ce matin, il m'a offert un bagage, un vrai, dans lequel je vais pouvoir ranger toutes mes affaires. Marco a dit : « Déjà, tu es sûr ? » Il avait l'air déçu, inquiet pour moi aussi. Ça m'a touché. Marie m'a dit qu'elle était fière de moi, heureuse que je me sente prêt. Je la reconnais bien là : encourageante et maternelle. Elle m'a fait promettre de ne pas oublier tous les chiffres et couleurs qu'elle m'a patiemment appris. Et m'a testé juste après le dîner, lors d'une nouvelle partie de Uno. Je ne me suis pas trompé une seule fois ! Ils m'ont tous applaudi chaleureusement, et Marco a reconnu, beau joueur : « OK, je m'incline, tu es prêt ! », ce qui nous a tous fait bien rire. C'était une belle soirée. Qui a été magnifiquement conclue d'un sonore « Pas problèm, Mohammed ! », prononcé en chœur.

Ils ont raison, Samy. Il n'y a pas de problème.
J'espère que tu comprends ma décision, toi aussi.
Je t'embrasse bien fort,
Mohammed

☆

Mon Mohammed,
Ça alors, on va déménager en même temps ! C'est drôle. Moi, c'est plus facile, je n'ai à m'occuper de rien, même mes bagages, je ne les ferai pas. J'espère que maman ne va pas oublier ma poule et mes brosses à dents. À quoi tu tiens le plus, toi ?
Dis, tu reviendras ? Promets-moi que tu reviendras... Parce que je crois bien que vraiment, tu vas me manquer. À qui je vais parler maintenant ? Toi, tu as appris plein de nouveaux mots, mais moi, de ce côté-là, je n'ai fait aucun progrès. Ça me fait bizarre tout d'un coup, de penser que tu ne seras plus là pour écouter mes messages-lit. Je vais continuer quand même à en envoyer. Peut-être qu'un jour, maman ou Marco les entendront.
En tout cas, je ne t'en veux pas, non, bien sûr. C'est bien que tu fasses ce que tu veux. Comme moi. Toujours. Enfin presque !
J'ai confiance en toi. Tu ne m'as jamais trahi, tu n'as révélé à personne notre secret. Alors vas-y. Et, si un jour tu en as envie, tu peux revenir dans la chambre.

Je suis sûr qu'ils seront tous d'accord. À condition que je n'y sois pas. Parce qu'à deux dans mon lit, ce serait pas possible ! Je bouge beaucoup trop !
Mais là, j'arrête de bouger, je vais m'endormir. Ça me fait ça parfois, les grandes émotions. Ça me donne envie de dormir après.
À très vite, hein, tu me promets ?
Samy

☆

Mohammed finit de remplir sa valise. Il a rangé la petite chambre. Ressorti les jouets qui avaient été rangés dans l'armoire. Il en a disposé quelques-uns sur la table de chevet, à côté de la lampe. Les autres au pied du lit.

Il ne lui reste à terminer que sa trousse de toilette. Celle-ci lui a été offerte par Églantine. Il n'a plus de sacs plastique. Au moment de refermer la trousse, il s'interrompt. Hésite. Et en ressort sa brosse à dents. Il part la nettoyer du mieux qu'il peut. Revient dans la chambre. Et la cache sous l'oreiller. Il sourit en songeant à Samy. L'enfant qu'il n'a jamais vu va aussi lui manquer. Son cœur se serre. Dans quelques instants, il sortira de la chambre et n'y reviendra plus. Il n'entendra plus la drôle de petite voix qui surgissait dans la pièce accompagnée de ce parfum subtil.

— Mohammed, tu viens ? On y va !

C'est l'heure. Il redoutait ce moment, et ça y est, il est là. « Au revoir petit bonhomme, murmure-t-il. Merci pour les messages-lit. Merci d'avoir été là pour moi. Merci d'être toi. »

Il prend une profonde inspiration, saisit son bagage, et sort de la chambre.

Dans l'entrée, Richard, Marco et Marie l'attendent avec sacs et valises. La famille se rend à la campagne pour le week-end, et Mohammed est du voyage. Ils l'ont invité à passer ce dernier moment tous ensemble. Ensuite, ils l'accompagneront dans son nouveau logement. Il a fallu pas mal de dessins et de gestes pour lui expliquer tout ça. Et Marco lui a montré des photos de la maison de ses grands-parents. C'est là qu'ils sont attendus.

Ne manque qu'Églantine, partie à l'aube ce matin. Mohammed ne sait pas où. Elle les rejoindra là-bas, c'est tout ce qu'il a cru comprendre. La perspective de quitter Paris, de découvrir la campagne française le réjouit.

La maison lui plaît immédiatement. Mohammed reconnaît ce que Samy lui en a raconté, et apprécie particulièrement le petit bois jouxtant la propriété, la fraîche odeur d'herbe qui s'en dégage. Chez lui, en Irak, il y a trop peu d'espaces verts. Bagdad est une ville immense, et il y fait sec, trop sec. Ici, tout lui paraît plus grand, l'air est plus respirable, et il aime l'humidité. Papoun et Mamoun lui font un accueil chaleureux, avec force gestes et dessins. Visiblement, la famille leur a donné le mode d'emploi. Et Mohammed constate avec plaisir que Mamoun est plus douée en dessin que les autres. La compréhension en est simplifiée.

Mamoun l'installe dans une jolie chambre. Il se retourne pour la remercier, et elle sourit, lui désignant la fenêtre, qui ouvre justement sur le bois. Il est touché par l'attention.

— On passe à table dans un quart d'heure. Et après, on va tous se promener dans le bois. Il fait encore beau, il faut en profiter, annonce Mamoun, à l'aide de ses mains et d'un carnet à dessin qu'elle tient suspendu à son cou.

— Oui. Merci beaucoup.

À table, la conversation est parfois rapide, trop rapide pour lui. Il ne suit pas, mais tous s'évertuent à lui « traduire » au mieux les propos. Il y a bien des moments où il sent que la conversation ne le concerne pas assez, qu'ils ne prennent pas la peine de traduire, et, durant quelques minutes, il est un peu seul. Mais il ne leur en veut pas. Ils ne se sont pas vus depuis longtemps, ils ont des tas de choses à se dire, qui ne le concernent pas. Et puis, rapidement, ils le remettent au centre de l'attention.

Après le repas, comme prévu, tous se préparent à sortir, enfilent bottes et manteaux. Dans cette famille nombreuse, il y a des bottes dans toutes les pointures, à disposition. Mohammed choisit les siennes.

Il profite intensément de cette promenade, respirant à pleins poumons l'air des bois. Il y a si longtemps qu'il se sent enfermé. Le métro, les couloirs bondés, sa petite chambre, les queues interminables, les centres pour réfugiés, la peur, aussi, qui l'a si longtemps oppressé, tout se mélange un instant dans sa tête, pour mieux lui rappeler l'instant de bonheur qu'il est en train de vivre.

« Oui, se dit-il, aujourd'hui, je suis bien. Je me sens bien. »

En reprenant une grande goulée d'air, il réalise qu'il a accepté la place qu'on lui a donnée, celle d'un ami que l'on invite, et il ne se sent plus coupable. Redevable, oui, mais il en a fini avec la culpabilité, celle de profiter de la générosité des autres pour pouvoir rebondir. Il a eu besoin de ce temps de reconstruction, mais désormais il sent les projets bouillir en lui. C'est un grand pas.

Ils viennent à peine de rentrer de la balade qu'une voiture fait son apparition au bout de l'allée.

— C'est maman et Samy ! s'exclame Marco, qui se précipite pour les accueillir.

Le cœur de Mohammed bondit dans sa poitrine.

Quoi ? Samy ? A-t-il bien compris ?

— Maman ? Églantine ? Dans le voiture ? demande-t-il.

— LA voiture, Mohammed. Oui oui, et avec Samy ! Viens, je vais te présenter mon petit frère ! lui crie Marco du milieu de l'allée.

Son cœur s'emballe un peu plus. Dans sa tête, des milliers de questions se bousculent. En une fraction de seconde, il est submergé par un torrent d'émotions. De nouveau perdu. Il ne s'attendait pas à ça, ne s'y est jamais préparé. Il espérait qu'un jour, ce moment arriverait, mais il ne l'a jamais vraiment envisagé. Et là, il est pris de court. Au bord de la panique.

Est-ce que le petit bonhomme va dire ou faire quelque chose de particulier ? Sauront-ils quoi faire l'un en face de l'autre pour la première fois ? Affolé, Mohammed ne bouge pas, comme pétrifié. Et Marie, qui tente de lui expliquer :

— Mais si, tu sais bien. On t'a montré plein de fois des photos de Samy. Le petit frère de Marco. Handicapé. Qui vit loin d'ici. Viens !

Et elle s'éloigne, pour rejoindre Marco.

Un sentiment désagréable envahit Mohammed. Il comprend soudain qu'il a menti pendant des mois.

Faut-il dire qu'il connaît Samy? Mais comment expliquer? Impossible. Il ne dira rien. Et puis il a promis. Jamais il ne trahira le petit.

De sa position, il voit Églantine sortir de la voiture, embrasser son fils aîné, puis Marie, ses parents, et enfin, ouvrir la portière arrière.

Sur le siège, bien attaché, Samy. Il a l'air plus grand qu'il ne l'avait imaginé. L'enfant ne regarde personne, il se balance consciencieusement d'avant en arrière, faisant rebondir son dos contre le dossier molletonné du siège arrière. Mohammed entend Marco :

— Bonjour Samy? Ça va? Tu as fait bon voyage?

Papoun, Mamoun et maintenant Richard, qui les a rejoints, saluent aussi l'enfant :

— Bonjour Samy! Tu sors?

Églantine défait la ceinture, tend sa main.

— Samy, on est arrivés. Tu peux descendre.

Puis, se retournant vers ses parents, elle entreprend de raconter son voyage. Sans baisser sa main, ni insister pour que Samy descende.

— Il a été super mignon. Il a chanté tout le trajet. Y compris dans l'avion.

— Sympa pour les autres passagers, s'esclaffe Mamoun.

— Oui, même moi je n'en pouvais plus, mais les gens ont été super, personne n'a rien osé dire.

Je me suis excusée au début, mais ce n'était même pas nécessaire.

— Je prends ses affaires et les tiennes, annonce Papoun, se dirigeant vers le coffre.

C'est le moment que choisit Samy pour descendre. Une main en appui sur celle de sa mère, une autre enfoncée dans la bouche, il balance une jambe dehors, puis l'autre, et se redresse.

— Bien, mon amour. Tu vas avec Mamoun dans la maison ? Je vais aider Papoun.

— On ne sera pas trop de deux, voire de trois. C'est fou, le nombre de bagages qu'il faut pour cet enfant ! Tu nous donnes un coup de main, Marco ?

— C'est bon, je m'en occupe. Marco, va aider ta grand-mère, intervient Richard. J'imagine que tu as pris la poussette, trois tonnes de médicaments, autant de couches et de lingettes, et de quoi changer ses vêtements deux fois par jour, c'est ça ? rigole-t-il.

— Tout juste ! Et j'ai aussi pris son petit piano électrique, ça l'occupe beaucoup en ce moment, j'ai racheté quelques nouveaux jouets, pour essayer, et j'en ai profité pour faire le plein de brosses à dents, histoire qu'il laisse les nôtres tranquilles !

— On peut rêver… fait Papoun, qui partage la même salle de bains que Samy, et ne retrouve jamais sa brosse à dents.

Pendant qu'ils vident le coffre, Samy, lui, remonte l'allée en agitant frénétiquement une main sur le côté, tout en s'agrippant à sa grand-mère de l'autre.

— Tu es content, hein, Samy ?

Mohammed, toujours dans l'entrée de la maison, n'a pas manqué un seul geste de l'enfant. Il reconnaît bien celui-là. Oui, le petit est heureux.

Comme pour le lui confirmer, Samy se met à pousser de grands cris de joie, lâche subitement la main de sa grand-mère et remonte l'allée seul. On dirait qu'il court vers la maison, vers Mohammed, de sa démarche si particulière, la jambe gauche un peu à la traîne, le pied glissant sur les pavés plutôt que de se soulever à chaque pas.

Mohammed doit prendre une décision. Et vite. « Est-il heureux de me voir ? Mais m'a-t-il seulement vu ? A-t-il compris que je suis là ? », s'interroge-t-il encore, alors que la distance entre l'enfant et lui se réduit de seconde en seconde. « Est-ce qu'Églantine lui a dit que je serais là, elle qui lui raconte tant de choses ? »

Anxieux, il voit l'enfant se rapprocher. Lui ne bouge pas. Il n'ose pas. Ne sait toujours pas quelle attitude adopter. Il se remémore aussi vite que possible tout ce que Samy lui a expliqué. La lenteur de son cerveau parfois, le temps nécessaire pour réagir, sa mauvaise vue, ses sens qui ne peuvent supporter d'être tous sollicités en même temps. Il décide de rester immobile. De ne plus être qu'une image.

Églantine, attentive à tout risque de chute, observe son fils. Et Mohammed. Elle aurait préféré avoir le temps de briefer ce dernier, le prévenir des étranges comportements de Samy, des précautions à prendre. Mais, curieusement, elle a la sensation que ce n'est pas nécessaire. Mohammed semble très calme. Comme s'il savait quoi faire. L'expérience de son frère ? En général, on lui pose des questions, ou on évite de s'approcher de son fils tant qu'elle n'a pas expliqué. Les gens se retiennent. Mais là, tout paraît naturel, fluide.

Samy atteint le seuil de l'entrée. Il continue à agiter les mains joyeusement. Mohammed s'accroupit doucement, pour se mettre à hauteur de l'enfant. Et alors qu'il ouvre la bouche, prêt à le saluer, Samy le dépasse et poursuit son chemin, en direction de sa chambre. Laissant Mohammed désemparé. « Il ne m'a même pas vu » se dit-il, terriblement déçu.

Il suit l'enfant du regard, qui est maintenant arrivé au début du couloir menant à sa chambre.

Et qui, soudain, se retourne, penche la tête, cligne d'un œil et lui sourit. De travers. Un adorable sourire. L'enfant se retourne à nouveau, et poursuit son chemin. Cela n'a duré qu'une seconde.

REMERCIEMENTS

C'est évidemment toi que je tiens à remercier en premier, Richard. Tu râles parce que ça t'amuse, mais tu acceptes tout avec humour et amour : les virées forcément dingues avec Samy, mes coups de blues, mes coups de folie et ma vie compliquée. Mais souvent si drôle aussi. Par-dessus tout, merci de me faire croire que je peux.

Merci à mes parents et à mes sœurs. Bravo papa pour ce titre, choisi après une joute familiale par SMS. Merci à toi maman, qui ne baisses jamais les bras face à Samy et aux mille défis qu'il nous fait vivre chaque jour. Et merci Souris, parce que tu te bats à mes côtés pour Samy et les autres, et que tu le fais brillamment et avec le sourire.

Merci à ma petite équipe de Robert Laffont, Françoise et Juliette, sans qui, c'est évident, jamais je n'aurais écrit un deuxième livre. Ton écoute, tes conseils, Françoise, sont toujours justes, et précieux. Et un livre sans l'accompagnement pétillant de notre Juju préférée n'aurait pas la même saveur…

Merci à Jean-Louis Fournier et ArtDeco. Qui m'ont si bien écoutée et encouragée tout le temps de l'écriture.

Et enfin, merci à toi Marco. Deux livres dont Samy est le héros pourraient faire croire que tu passes au second plan. Alors que toi aussi tu es un héros. Mais nous sommes pudiques tous les deux. Pour ce livre, je me suis seulement inspirée de notre vie. Tu n'aurais pas aimé que je fasse plus, et moi non plus. Ta discrétion ne retire rien à la richesse de ta personnalité. Tu es un héros, je te le redis, et ton histoire personnelle mériterait cent livres. Ils existent. Dans mon cœur. Je t'aime. Merci d'être là, et de vouloir changer le monde.

La photocomposition de cet ouvrage
a été réalisée par
GRAPHIC HAINAUT
30, rue Pierre-Mathieu
59410 Anzin

MIXTE
Papier
FSC FSC® C003309

L'éditeur de cet ouvrage s'engage dans une démarche
de certification FSC® qui contribue à la préservation
des forêts pour les générations futures.

Pour en savoir plus :
www.editis.com/engagement-rse/

Cet ouvrage a été achevé d'imprimer en octobre 2020
sur les presses de Normandie Roto Impression s.a.s.
61250 Lonrai (Orne)
N° d'édition : 60694/01 - N° d'impression : 2003759
Dépôt légal : octobre 2020

Imprimé en France